Neuordnung Europas

KIRCHE HEUTE
7

Herausgegeben von
Günter Baadte und Anton Rauscher

Günter Baadte / Anton Rauscher (Hrsg.)

Neuordnung
Europas

Probleme und Perspektiven

Mit Beiträgen von

Hans Besters
Jan Kerkhofs
Paul Kirchhof
Ernst J. Nagel
August Pradetto
Theodor Strohm

Verlag Styria

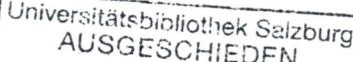
Die Deutsche Bibliothek – CIP-Einheitsaufnahme

Neuordnung Europas : Probleme und Perspektiven /
Günter Baadte ; Anton Rauscher (Hrsg.). –
Graz ; Wien ; Köln : Verl. Styria 1994
(Kirche heute ; Bd. 7)
ISBN 3-222-12232-6
NE: Baadte, Günter [Hrsg.]; GT

© 1994 Verlag Styria Graz Wien Köln
Alle Rechte vorbehalten
Printed in Austria
Gesamtherstellung:
Druck- und Verlagshaus Styria, Graz
ISBN 3-222-12232-6

95:1857

INHALT

VORWORT

Die europäische Frage stellt sich heute unter neuen Bedingungen. Wurde die Integration Westeuropas nach dem Zweiten Weltkrieg als freiheitlich-demokratische Alternative gegenüber totalitärer Bedrohung begründet, so gehen von den politisch-gesellschaftlichen Umbrüchen in Mittel- und Osteuropa und dem Ende des Ost-West-Konflikts unabsehbare Wirkungen auf die künftige Gestaltung Europas aus. Daß die destruktiven Energien keineswegs gebändigt sind, macht der Krieg auf dem Balkan bedrückkend sichtbar.

Den hier sich abzeichnenden Fragen einer Neuordnung Europas war das siebte Symposion gewidmet, das die Katholische Sozialwissenschaftliche Zentralstelle im Rahmen ihres Studienprojektes „Kirche Heute" vom 15. bis 17. Oktober 1992 in Augsburg veranstaltete. Die Referate und Schwerpunkte der Diskussion werden in diesem Band dokumentiert.

Welch tiefreichenden Wertewandel die europäischen Gesellschaften in den letzten Jahrzehnten erfahren haben und welche Herausforderungen damit für die Kirchen verbunden sind, macht Jan Kerkhofs (Leuven) deutlich. Kerkhofs fordert ein differenziertes Konzept der Neuevangelisierung. Er sieht darin einen unumgänglichen Weg, den christlichen Sinn des Lebens neu zu entdekken und moralische Glaubwürdigkeit zurückzugewinnen.

Der Schutz der „Grundrechte in der Europäischen Gemeinschaft" steht im Mittelpunkt der Überlegungen von Bundesverfassungsrichter Paul Kirchhof (Heidelberg). Kirchhof formuliert als seine Kernthese, „daß ein Verlust an Staatlichkeit ein Verlust an Verfassungsrecht und damit ein Verlust an Grundrechten wäre". Mit dem Blick auf Europa bedeutet dies, daß die Idee der Grundrechte sich in der Entwicklung zu einem europäischen Staatenverbund nur dann wird behaupten können, „wenn sie nicht nur als Rechtssatz, sondern als Verfassungsidee weitergegeben wird".

Hans Besters (Bochum) erörtert das Projekt der Europäischen Wirtschafts- und Währungsunion. Besters hält die vorgesehenen Konvergenzkriterien für wenig realistisch und gibt gegenüber der etwaigen Einheitswährung dem Währungswettbewerb als marktwirtschaftlicher Lösung den Vorzug. Die Frage nach den Risiken und Chancen der Währungsunion beantwortet er dahingehend, „daß die Risiken viel konkreter ... als die Chancen sind".

Im Anschluß an die „Europa-Denkschrift" der EKD stellt Theodor Strohm (Heidelberg) in zehn Punkten Gedanken zu einer sozialstaatlichen Ordnung Europas zur Diskussion. Strohm betont die Verantwortung, die den Christen und Kirchen für ein solidarisches Europa im Sinne eines Versöhnungsdienstes zukommt. Er gibt freilich auch zu bedenken, daß bis dahin „noch eine große und sicher auch mühevolle Wegstrecke zu durchschreiten ist".

Perspektiven und Tendenzen der zwischenstaatlichen Friedenswahrung von der späten Neuzeit bis zur Gegenwart bringt Ernst Josef Nagel (Barsbüttel/Hamburg) zur Sprache. Nagel ist sich der Ambivalenzen, die jeder Friedensordnung inhärent sind, bewußt. Angesichts der Friedlosigkeit, in die das heutige Europa verstrickt ist, sieht er in der Friedensfrage eine „Herausforderung der Klugheit", von der beharrlich und behutsam Gebrauch zu machen ist, soll die Chance des Friedens, so sie sich ergibt, nicht vertan werden.

Die Debatte über die sicherheitspolitischen Aspekte einer gesamteuropäischen Friedensordnung nach dem Zusammenbruch des Kommunismus wird von August Pradetto (Hamburg) aufgenommen und fortgeführt. Pradettos Überlegungen markieren die Notwendigkeit einer neuen europäischen Integrationspolitik, deren Geschäftsgrundlage in der Antwort auf die zentralen Friedensgefahren in Europa besteht.

Mönchengladbach, im Oktober 1993

Günter Baadte   Anton Rauscher

JAN KERKHOFS

Die europäische Herausforderung
der Kirchen

Unsere europäische Gesellschaft hat sich nach dem Zweiten Weltkrieg tiefgreifend gewandelt. Die Automatisierung, die neuen
Kommunikationsmittel, der Massentourismus, die weitgehende
Demokratisierung des Unterrichtswesens und der Kultur, die
stetig fortschreitende Verbesserung der Gesundheitsfürsorge und
eine nur für kurze Zeit unterbrochene wirtschaftliche Expansion
haben Europa zu einem der reichsten Gebiete der Welt gemacht.
Diese Beschleunigung der Geschichte – man kann dieser Entwicklung keinen anderen Namen geben – hat das europäische
Menschenbild tiefgehend beeinflußt. Freiheit und Gleichheit
nehmen zu. Die Beziehungen zwischen den Geschlechtern gestalten sich durch die fortschreitende Frauenemanzipation immer
offener. Die Klassengegensätze werden durch eine immer bessere
Ausbildung aller und durch eine gewisse Nivellierung der Ein-
kommensunterschiede entschärft. Der Motor dieses gesamten
Prozesses in Westeuropa war und ist die Europäische Gemeinschaft, die auch auf das sich aus einer Zivilisation der Lüge
befreiende Osteuropa eine starke Anziehungskraft ausübt.

Diese gesamte Evolution hat Denken und Verhalten des
Durchschnittseuropäers vor allem im ethischen und religiösen
Bereich geprägt. Diese „Säkularisierung" beschränkt sich als Prozeß der Emanzipation von der Bevormundung durch religiöse und
kirchliche Traditionen und Strukturen nicht mehr auf eine Ober-
schicht der besser Gebildeten oder wirtschaftlich Mächtigen. Sie
zeitigt überall ihre Wirkung.

In diesem Beitrag werden wir uns vor allem auf die Untersuchungen stützen, die von der Stiftung „European Value Study"
(EVS) 1981 und 1990–1991 über Werte und Normen in West-
und Osteuropa, auch in Nordamerika durchgeführt worden sind.

Eine Vorbemerkung ist hier nicht unwichtig. Während über die westlichen Grenzen Europas im allgemeinen Einvernehmen herrscht, gibt es außerordentlich große Meinungsverschiedenheiten hinsichtlich seiner östlichen Grenzen. Wir werden daher vorläufig das ganze Gebiet der ehemaligen Sowjetunion ausklammern, ebenfalls das des kleinasiatischen Mitglieds des Europarates, der Türkei.

Im folgenden werden wir uns mit drei Fragenkomplexen befassen. Als erstes wenden wir uns einigen der wichtigsten Herausforderungen Europas zu, die auch für die Kirchen von Bedeutung sind. Sodann werfen wir die Frage auf, über welche Möglichkeiten die Kirchen verfügen, um diesen Herausforderungen zu begegnen. Und schließlich geht es um die Frage, welche Modelle einer kirchlichen Strategie vorrangig zu beachten sind.

I. Die Herausforderungen Europas

Fünf Themenkreise möchte ich besonders nennen: den unausweichlichen Dialog mit dem Islam im Süden, die Rolle Europas der Dritten Welt, besonders Afrika gegenüber, die bleibende Armut großer Schichten der europäischen Bevölkerung, die Zukunft der Familie und, schließlich, die wachsende Erfahrung einer geistigen Leere.

Anläßlich der ersten Begegnung christlicher Unternehmer aus West- und Mitteleuropa in Prag im Herbst 1990 betonte Michel Camdessus, Generaldirektor des Internationalen Währungsfonds, daß er aus seiner weltweiten Erfahrung auf zwei äußerst wichtige Krisenherde hinweisen muß: auf die Problematik des Mittelmeerraumes und auf die andauernde Armut des afrikanischen Kontinents. Natürlich kennen viele Staaten Westeuropas die schwierige Integration der nicht-europäischen Einwanderer, vor allem aus der islamischen Welt. Man darf jedoch nicht vergessen, daß die meisten sogenannten „Fremden" aus Europa selbst kommen. Etwa 38 Prozent der nicht nationalen Staatsbürger, die in der Europäischen Gemeinschaft leben, kommen aus einem anderen Mitgliedstaat der EG; mehr als 25 Prozent kommen aus einem anderen europäischen Land (überwiegend aus Osteuropa) und ein wenig mehr als ein Drittel, in fast gleichen Verhältnissen, aus Afrika und aus den anderen Kontinenten. Afrikaner sind am stärksten konzentriert in Frankreich, Portugal, den Niederlanden, Belgien und Italien. Dazu kommt noch die Anwesenheit von mehr als zwei Millionen illegalen Einwanderern, in der Mehrzahl aus Afrika.

J. S. Nielsen aus Birmingham, vielleicht der beste Experte auf diesem Gebiet, ist der Meinung, daß sich etwa 8,5 Millionen Muslime in Westeuropa befinden, nämlich ein wenig mehr als 2,5 Prozent der Gesamtbevölkerung der Europäischen Gemeinschaft. Infolgedessen ist es weit übertrieben zu sagen, daß Europa allmählich durch den Islam erobert wird – als eine späte Rache nach den Niederlagen von Poitiers, Wien und Lepanto.

Derjenige aber, der ein wenig weiter in die Zukunft schaut, sieht freilich ein ganz anderes Szenario. 1950 umfaßten die Länder der nördlichen Küste des Mittelmeeres zwei Drittel der gesamten Bevölkerung des Mittelmeerraumes; 1990 hat die niedrige Geburtenrate das Verhältnis schon auf 50 Prozent reduziert, und die Demographen sagen, daß im Jahr 2025 nur ein Drittel im Norden leben wird. Außerdem wird die Bevölkerungsstruktur im Norden bald stark abweichen von der im Süden: 2025 werden 45 Prozent der Jugendlichen unter 15 Jahren im Maghreb und in Ägypten leben, 24 Prozent in den europäischen Mittelmeerländern und der übrige Teil im östlichen Gebiet (Türkei und Syrien). Um diesen Prognosen Rechnung zu tragen, müßten zwischen 1990 und 2000 in Nordafrika und in der Türkei 25 Millionen neue Arbeitsplätze geschaffen werden und bis 2025 60 Millionen. Das bedeutet eine Riesenaufgabe für alle betroffenen Regierungen. Nur eine Kapitalbewegung von Nord nach Süd wird einigermaßen imstande sein, die fast unausweichliche Einwanderungsbewegung von Süd nach Nord einzudämmen. Europa wird aus dem Süden ähnliches erfahren wie die Vereinigten Staaten, jedoch mit dem Unterschied, daß es sich hier nicht um Einwanderer christlicher Tradition handelt. Und wir schweigen über das, was in der Zwischenzeit im Süden der ehemaligen Sowjetunion geschehen könnte. Jeder weiß übrigens, daß trotz aller Anstrengungen für eine Geburtenkontrolle die demographische Lokomotive nur innerhalb mehrerer Generationen zum Stillstand kommen kann. Es ist hier nicht der

Ort, Prognosen über mögliche Einwandererquoten zu stellen, seien es Asylanten oder moderne Goldsucher aus dem Osten Europas oder eben aus Hongkong nach 1997. Eines steht fest: in den ersten Jahrzehnten des dritten Millenniums wird Europa mehr denn je in seiner Geschichte multikulturell und multireligiös sein.

Wie das Europa der „Christenheit" auf diese Herausforderungen vorbereitet ist, zeigen die Antworten auf eine Frage aus der Wertestudie von 1981. Damals sagten in Westeuropa 53 Prozent der Befragten, daß „es nicht nur *eine* wirklich wahre Religion gibt, sondern einige Überzeugungen und Wahrheiten, die alle Religionen gemeinsam haben" (gegenüber 25 Prozent, die meinten, daß „es nur *eine* wirklich wahre Religion gibt", und 14 Prozent, die antworteten, daß „keine der großen Religionen irgendwelche Wahrheiten anzubieten hat"). Inzwischen haben sich z. B. in Frankreich Tausende zum Islam „bekehrt", unter ihnen der bekannte marxistische Philosoph Roger Garaudy.

Eng verknüpft mit der Frage der zukünftigen Zusammenarbeit Europas mit den islamischen Staaten ist die Aufgabe Europas, Afrika nicht im Stich zu lassen. Obwohl die Europäische Gemeinschaft durch die Verträge von Lomé schon viel geleistet hat, befindet sich Afrika weiterhin in einer absoluten Sackgasse. In vielen Ländern, wie Nigeria, Sudan, Uganda, nehmen die Kämpfe zwischen Muslimen und Christen ständig zu – wobei die Muslime einerseits aus Libyen und andererseits aus Saudi-Arabien unterstützt werden. Da Europa durch seine ehemaligen Kolonialmächte faktisch immer noch Einfluß ausübt, liegt es auf der Hand, daß auch hier Entwicklungsfragen eng verbunden bleiben mit Fragen des interreligiösen Friedens. Wenn unser Kontinent sich als eine „Festung Europa" einigelt, läuft Afrika Gefahr, nicht nur für Jahrzehnte arm zu bleiben, sondern rasch die weltweit anwachsende islamische Bevölkerung expotentiell zu vermehren, wodurch nicht nur die ganze Missionsarbeit und das Überleben der Jungen Kirchen unterminiert werden, sondern auch die Spannungen zwischen den beiden Weltreligionen den Weltfrieden gefährden könnten. Übrigens, alle Afrikakenner geben zu, daß unter den Großmächten nur Europa sich noch einigermaßen für Afrika interessiert. Die Gefahr droht natürlich, daß Europa sich in den nächsten zwei Jahrzehnten mehr um die Ausdehnung der Europäischen Gemeinschaft kümmern wird als um das bekannte und augenscheinlich unerreichbare Ideal der 0,7 Prozent des nationalen Bruttosozialprodukts für Entwicklungshilfe.

Was eben gesagt worden ist, bedeutet natürlich nicht, daß das reiche Europa die Augen vor seiner eigenen bleibenden Armut verschließen darf. Mitteleuropa zählt noch Millionen Arme, unter ihnen viele Kinder. Aber auch in der Europäischen Gemeinschaft leben noch immer, trotz der Milliarden Ecus der drei Programme des „Kampfes gegen die Armut" seit 1975, fast 50 Millionen Menschen unter dem Existenzminimum, und 7 bis 8 Millionen befinden sich in einer von Brüssel so bezeichneten Situation extremer Armut. Wenn wir dazu noch all jene rechnen, die Analphabeten sind, die über keine gute Wohnung verfügen, nicht oder zu wenig am Unterricht teilnehmen, in ungesunden Umständen leben müssen, langfristig arbeitslos sind (9 bis 10 Prozent der Bevölkerung), dann nehmen diese bedauernswerten Verhältnisse noch zu; oft liegen sie bis zu zwei- oder dreimal über dem Durchschnitt der Europäischen Gemeinschaft (besonders in Griechenland, Portugal, Irland, Süditalien und in Nordengland).

Ein besonderer Aspekt der Armut folgt aus der raschen Überalterung der Bevölkerung: 68 Millionen der 343 Millionen Einwohner der Europäischen Gemeinschaft sind über 60 Jahre alt, 12 Millionen über 80. 2020 wird Westeuropa allein schon über mehr als 100 Millionen Alte zählen. Wird die öffentliche Meinung die Solidarität aufbringen, die notwendig ist, um nicht nur auf der Ebene des eigenen Landes, sondern auch auf europäischer Ebene die soziale Sicherung so zu gestalten, daß den alten Mitbürgern ein menschenwürdiges Leben ermöglicht wird? Und werden genügend junge Leute zu deren Pflege bereit sein? Aus der letzten europäischen Wertestudie geht hervor, daß die Meinung zur Euthanasie so tolerant ist wie zur Abtreibung: auf einer 10-Punkte-Skala wird die Punktezahl 4.46 für Abtreibung erreicht und 4.38 für Euthanasie (in den Niederlanden sind es schon 5.24 und 5.90 gegenüber Westdeutschland 4.31 und 4.13).

Eine vierte Herausforderung bietet der Bereich der Familie. Obwohl die Europäer die Familie als Wert bleibend sehr hoch einschätzen (52 Prozent als sehr wichtig und 34 Prozent als wichtig), zeigen sich große Verschiebungen in den Auffassungen über die Familie. Aus einer vergleichenden Untersuchung von L. Roussel erfahren wir, daß in Nordeuropa (Skandinavien) das voreheliche Zusammenwohnen die Norm geworden ist und daß die Hälfte der Kinder aus einer solchen Partnerschaft geboren wird, in Nordwesteuropa ist das Zusammenwohnen (vor der Ehe oder bleibend) schon bei 50 Prozent der Partner der Fall, und die sogenannten außerehelichen Geburten erreichen 20 bis 30 Prozent; in Südeuropa dagegen ist dieses Phänomen viel mehr die Ausnahme. Die Ehescheidungsziffer beträgt durchschnittlich etwa 30 bis 40 Prozent. Wenn wir aber tiefer bohren, sehen wir, daß sich die ganze Haltung gegenüber der Sexualität verändert hat. Obwohl die Familie, im Vergleich zu 1981, ein wenig höher gewertet wird, haben sich die Auffassungen über Sexualität in Richtung einer Situationsethik weiter entwickelt. 1981 sagten 22 Prozent der Westeuropäer, daß sie einverstanden seien mit dem Satz: „Jeder Mensch muß sich sexuell frei entfalten können, ohne jede Einschränkung"; dieser Prozentsatz stieg 1990 bis 34 Prozent. 1981 sagten 55 Prozent, daß Geschlechtsbeziehungen zwischen Minderjährigen nie gutgeheißen werden könnten, gegenüber 50 Prozent im Jahr 1990. Gegenüber 24 Prozent, die 1981 dasselbe gegenüber der Ehescheidung meinten, stehen jetzt nur noch 16 Prozent (und weniger als 10 Prozent in den Niederlanden). Nehmen wir schließlich noch ein Beispiel aus der Bioethik: 1990 sagten 38 Prozent, daß sie damit einverstanden seien, daß „eine Frau ein Kind haben darf, ohne mit einem Mann zusammenzuleben", gegenüber 35 Prozent im Jahr 1981 – aber in den Altersgruppen von 18 bis 24 Jahren und 25 bis 34 waren sowohl 1981 wie 1990 50 Prozent damit einverstanden (in Spanien 1990 sogar 60 Prozent).

Auf die Frage, ob die Kirche im eigenen Land eine Antwort für Probleme im Familienleben geben kann, antworteten 1981 44 Prozent positiv, 1990 39 Prozent (in der Altersgruppe von 18 bis 44 Jahren etwa 30 Prozent, in mehreren Ländern weniger als 20 Prozent).

Eine letzte Herausforderung, die wir kurz skizzieren wollen, ist die sich ausbreitende Erfahrung einer geistigen Leere. Obwohl die Mehrheit der Europäer sagt, daß sie an Gott glaubt (85 Prozent im Jahr 1981, 79 Prozent im Jahr 1990 – in Belgien 63 Prozent, in Schweden 45 Prozent), haben nicht nur alle traditionellen Glaubensinhalte an Anhängern verloren, mit Ausnahme des Glaubens an die Existenz der Seele (71 Prozent im Jahr 1990, gleichbleibend wie 1981). Nur an die Sünde glaubt noch eine Mehrheit. 1990 glaubt nicht mehr die Hälfte an den Himmel, den Teufel, an die Hölle, an ein Leben nach dem Tod, an die Auferstehung. Was zwischen 1981 und 1990 nicht abgenommen hat, ist der Glaube an die Wiedergeburt, ein typisches Charakteristikum des „New Age". Aber hier wird der Beobachter durch zwei Analyseergebnisse beeindruckt: Erstens, es sind vor allem die wöchentlich praktizierenden Katholiken und Protestanten, die daran glauben; und zweitens, 40 Prozent derjenigen, die an die Auferstehung glauben, bejahen auch die Wiedergeburt, und 30 Prozent derjenigen, die an die Wiedergeburt glauben, bejahen auch die Auferstehung. In der Altersgruppe von 18 bis 24 Jahren in Belgien bejahen 20 Prozent die Auferstehung und ebenfalls 20 Prozent die Wiedergeburt (wie die Gesamtbevölkerung Schwedens).

Es ist klar, daß wir hier auf eine große Unsicherheit und ein fortschreitendes Auswahlchristentum stoßen, das, wie man sagt, durch eine Haltung der „bricolage" gekennzeichnet ist. Schon Goethe wählte sich „ein Christentum für meinen privaten Gebrauch". Es wundert auch nicht, daß die große Mehrheit des „christlichen Abendlandes" die Existenz eines persönlichen Gottes verneint.

II. Haltungen und Erwartungen
gegenüber den Kirchen

Die vorhandenen Möglichkeiten der Kirchen, um schöpferisch mit den genannten Herausforderungen ins Gespräch zu kommen, sind beschränkt. Sie sind jedoch größer als viele Pessimisten meinen. Wir wollen die Lage kurz zusammenfassen.

In Westeuropa sagen etwas mehr als 74 Prozent, daß sie einer Konfession angehören. Davon bezeichnen sich 73 Prozent als katholisch und 23 Prozent als anglikanisch oder protestantisch (bei der Altersgruppe von 18 bis 24 Jahren sind es 60 Prozent und

9 Prozent). Die Lage ist in den einzelnen Ländern sehr unterschiedlich. In Irland sagen fast alle (96 Prozent), daß sie einer Konfession angehören, in Skandinavien 88 Prozent, in Frankreich nur 61 Prozent und in den Niederlanden noch weniger, nämlich 50 Prozent. Auch in Mitteleuropa laufen diese Zahlen stark auseinander (in Polen: 96 Prozent, in Bulgarien 34 Prozent und in der ehemaligen DDR weniger als 25 Prozent). Die übergroße Mehrheit in Westeuropa möchte bei Geburt, Ehe und Tod einen religiösen Dienst erwiesen haben; bei der Geburt 69 Prozent – in Frankreich und Westdeutschland 63 Prozent, in Schweden 56 Prozent, in den Niederlanden nur noch 46 Prozent; bei der Ehe mit 72 Prozent etwas mehr, und beim Tod mit 77 Prozent noch mehr (in Schweden 80 Prozent). Nehmen wir noch einige Beispiele aus Mitteleuropa: in der Tschechischen Republik wünschen sich nur 40 Prozent einen religiösen Dienst bei der Geburt, in der Slowakei 77 Prozent, in Polen 94 Prozent. Wenn wir noch einen anderen Parameter benützen, nämlich die Religiosität, sehen wir, daß sich in Westeuropa 61 Prozent religiös nennen (82 Prozent in Italien, 63 Prozent in Spanien, 54 Prozent in Deutschland, Ungarn und Großbritannien, 50 Prozent in den Niederlanden, 48 Prozent in Frankreich, 31 Prozent in Schweden und Bulgarien, 19 Prozent in Estland). Nur 5 Prozent im Durchschnitt bezeichnen sich als überzeugte Atheisten (mit 10 Prozent am meisten in Frankreich).

Aus diesen wenigen Daten wird deutlich, daß es kein einheitliches „christliches Europa" mehr gibt und daß man klar unterscheiden muß zwischen einem Europa der „Christenheit" und einem Europa des „Christentums". Eine detaillierte Analyse der beiden europäischen Wertestudien offenbart eine rasche Abnahme der engagierten Christen und eine Zunahme der Gruppe der Außerkirchlichen. Die Untersuchung lehrt auch einiges über Haltungen und Erwartungen gegenüber der Kirche. Das Vertrauen in die Kirchen hat zwischen 1981 und 1990 in ganz Europa abgenommen, so z. B. in Frankreich von 54 Prozent auf 48 Prozent, in Belgien von 60 Prozent auf 49 Prozent, in Westdeutschland von 60 Prozent auf 40 Prozent, in Irland von 78 Prozent auf 72 Prozent, und erreicht in Schweden nur noch 35 Prozent und in den Niederlanden 32 Prozent.

Auf die Frage, ob es richtig ist, daß die Kirchen sich zu bestimmten Themen äußern, sagt eine große Mehrheit „ja", wenn es um die Dritte-Welt-Problematik und um die Aufhebung der Rassendiskriminierung geht; die Hälfte bejaht auch Äußerungen zu Euthanasie, Ökologie, Abrüstung und Abtreibung. Eine klare Mehrheit spricht sich jedoch gegen mögliche Stellungnahmen hinsichtlich des Privatlebens (wie außereheliche Beziehungen und Homosexualität) aus, und nur ein Fünftel ist einverstanden mit Aussagen zur konkreten Regierungspolitik (auch in Polen!).

Auch meint eine Mehrheit, daß die Kirche keine Antworten auf moralische Probleme und Nöte des einzelnen oder auf die sozialen Probleme und Nöte des Landes gibt. Jedoch sagten 1990 54 Prozent – deutlich mehr als 1981 –, daß sie eine Antwort auf die Frage nach dem Sinn des Lebens geben kann. Obwohl nicht gesagt wird, daß sie tatsächlich eine Antwort gibt, spürt man hier, was aus mehreren Untersuchungen bestätigt wird, daß die Mehrheit in Westeuropa jedenfalls echte Erwartungen an die Kirche hat. Die Mehrheit wird aber zur Minderheit in Skandinavien, in der Tschechischen Republik und in Bulgarien.

Zwei Bemerkungen sollen dieses grob skizzierte Gesamtbild ergänzen. Erstens stellt man fest, daß die Unterschiede zwischen Männern und Frauen ständig abnehmen und, obwohl die Frauen im allgemeinen noch religiöser und gläubiger sind als die Männer – nicht jedoch die berufstätigen Frauen! –, ist die Beschleunigung in der Abnahme bei den Frauen rascher als bei den Männern. Die Folgen für die Haus- und Schulkatechese kann man sich vorstellen. Zweitens kann das zunehmende Priesterdefizit in vielen Ländern West- und Osteuropas nicht übersehen werden. Die Anzahl der Pfarreien ohne eigene, am Ort residierende Priester nimmt rasch zu, nicht nur in Frankreich und Deutschland (schon fast ein Drittel der Pfarreien), sondern auch in der Schweiz, Belgien und den Niederlanden. In Katalonien und im belgischen Wallonien hat nur eine Pfarrei von zwei einen am Ort residierenden Pfarrer. Die Jahre der Kirchenverfolgung in der Tschechoslowakei und in Ungarn haben dazu geführt, daß in beiden Ländern ein meistens alter Priester für mehrere Pfarreien zuständig ist.

III. „Neuevangelisierung" Europas –
nach welchen Modellen?[1]

In seinem Apostolischen Lehrschreiben „Evangelii Nuntiandi" (Nr. 14) hat Paul VI. mit Recht betont, daß die Evangelisierung die „tiefste Identität" der Kirche charakterisiert. Obwohl Theologen und Kirchenführer noch weiter darüber diskutieren, was Neuevangelisierung bedeutet, ist es unbestritten, daß die Pastoraltheologie folgende Schritte im Kontext des heutigen Europas als vorrangig ansieht.

Die eigentliche Aufgabe der Kirche besteht in der Förderung des Reiches Gottes. Dies impliziert eine glaubwürdige Diakonie von seiten der Kirche. Hier darf man Ottmar Fuchs zitieren, der in seinem jüngsten Beitrag in den *Stimmen der Zeit* fragt[2]: „Gehören die Menschen zur Kirche?, oder: Ist die Kirche bei den Menschen? Wird die Kirche als Selbstzweck verhandelt, indem die Grenzen des Reiches Gottes auf die Kirchengrenzen reduziert werden und die Zugehörigkeit zum Reich Gottes strikt an die Zugehörigkeit und Mitgliedschaft in der Kirche gebunden wird?" Oder ist es die erste Aufgabe der Kirche, zur echten Befreiung der Europäer beizutragen, die mehr impliziert, als sich über den Sturz der Berliner Mauer zu freuen? Damit sind wir wieder beim Anfang des Zweiten Vatikanums, als Johannes XXIII. die Offenheit der Kirche betonte und dabei zwei Programmpunkte unterstrich: die Ökumene und das Aggiornamento. Die vielen Nationalsynoden und Diözesansynoden, die Römischen Bischofssynoden, die sogenannte Eurosynode, aber auch die fünf Treffen der CCEE (des Rates Europäischer Bischofskonferenzen) und der KEK (der Konferenz Europäischer Kirchen) – das letzte Mal im November 1991 in Santiago de Compostela – haben gezeigt, daß man hier über einige erste zögernde Schritte noch kaum hinausgekommen ist, wie bei einer Echternacher Springprozession.

Das soll man bedauern. Denn auch in der Pastoral ist die schwere Sünde der Unterlassung möglich. Die Europäische Werteuntersuchung macht deutlich, daß – wenn nichts Entscheidendes geschieht – alle Kirchen am Anfang des nächsten Millenniums nur noch einige Prozent aktiver junger Gläubigen zählen werden. Die Jugend hat keine Botschaft für die Rettung der

18

Kirchen, sie sucht jedoch danach, wie sie sinnvoll leben kann in einer komplizierten und zersplitterten Welt, in der alles als relativ, unsicher, vorläufig erfahren wird.

Daher sollen die europäischen Kirchen viel schneller den ökumenischen Brückenbau vorantreiben – im Westen mit den Protestanten, im Osten mit den Orthodoxen. Die apostolischen Kräfte verlieren viel zu viel Zeit und Energie mit den Fragen und Erbschaften von gestern und werden dadurch daran gehindert, die oft viel tieferen Fragen des heutigen Menschen zu beantworten. Es ist höchste Zeit, die Tagesordnung der Europäischen Ökumenischen Versammlung „Frieden in Gerechtigkeit" (Basel, Mai 1989) mit ihren Forderungen zur Schöpfungsverantwortung wiederaufzunehmen und sich mit den Hauptthemen, die im ersten Abschnitt dieses Beitrages genannt sind, zu beschäftigen. Gelingt dies, dann werden die Kirchen allmählich nicht mehr als negative moralische Instanzen erscheinen oder als Institutionen, in denen überwiegend repetitiv gearbeitet wird: mit alten Antworten auf neue Fragen, sondern als „Laboratorien der wirklichen menschlichen Freiheit", in denen Ermutigung, Hoffnung, Solidarität, Geborgenheit erfahren wird und in denen junge und alte Idealisten, ob sie sich noch christlich nennen oder noch nicht, Modelle des Reiches Gottes entwickeln können. Dann wird also bald sichtbar werden, daß irdische Hoffnung transzendente Hoffnung mit einschließt, daß man ohne Gebet die bleibende Enttäuschung nicht überstehen kann. Nur so kann man die Angst vor der Sinnlosigkeit überwinden.

Die Neuevangelisierung Europas wird sich auf Tausende solcher kleinen, schöpferischen Bündnisse in Pfarreien, Basisgemeinschaften, Vereinen und Bewegungen, in Freundeskreisen und Familiengruppen stützen, allerdings unter der einen Bedingung, daß der Dialog untereinander, mit den wirklich dringlichen Fragen der Umwelt und mit den Herausforderungen des im Kontext neu gelesenen Evangeliums so ehrlich wie möglich geführt wird. So kann die erschütterte, aber so notwendige Glaubwürdigkeit zurückgewonnen werden. Hat doch die Eurosynode in ihrer Schlußerklärung Wahrheit, Freiheit und Gemeinschaft als Früchte des Evangeliums herausgestellt und diese Trias als „höchstes, ältestes und dauerhaftestes Verlangen des europäischen Humanismus" bezeichnet. Zudem erklärte Kardinal Ratzinger, daß die Verkündigung der Kirche keine Masse von Dogmen und Vorschriften sei, sondern „im letzten ganz einfach: Rede von Gott, der in Christus auf uns zugeht". Dieses „Zugehen" hat die Synode übrigens konkretisiert: soziale Marktwirtschaft (obwohl dieses Wort fehlt), Solidarität mit den Armen in Europa, Gleichberechtigung der Frau, Einsatz für die Gesundheitspflege aller, Förderung von Ehe und Familie. Weiter sagt die Schlußerklärung, daß Europa nicht nur wirtschaftlich, sondern auch sozial geeinigt werden soll. Sie würdigt die Werte der Nationen, nicht aber übertriebenen Nationalismus und Partikularismus. Schließlich plädiert sie dafür, sich nicht in einen „Eurozentrismus" einzuschließen, und dafür, der Armut aus dem Süden und der Einwanderung mit konkreten Maßnahmen zu begegnen. Natürlich bleiben diese Themen sehr allgemein. Man evangelisiert nur konkret, an Ort und Stelle.

Wie kann zudem Europa als Europa durch Gläubige und Kirchen herausgefordert werden? Neben den schon genannten CCEE und KEK, neben zwei aktiven Einrichtungen in Brüssel, dem Sekretariat der COMECE (der Kommissionen der Bischofskonferenzen der Europäischen Gemeinschaft) und der OCIPE (des Katholischen Sekretariats für Europäische Fragen, mit Veröffentlichungen auf englisch, deutsch und französisch), gibt es auch noch ein loses, interessantes Laienforum. Es vertritt die nationalen Laienräte, wie das Zentralkomitee der deutschen Katholiken, und tagt seit 1970 regelmäßig, in Anwesenheit u. a. von Vertretern der CCEE und der KEK. Bei seinem Treffen im Juli dieses Jahres (1992) in Antwerpen war das Hauptthema – bezeichnenderweise –: Wie leben wir in einer multikulturellen Gesellschaft? Jacques Delors empfing die Delegierten in Brüssel. Der Vorsitzende der Europäischen Kommission, überzeugter Katholik und Sozialist, hob es vor allem als Aufgabe der Kirchen hervor, dazu beizutragen, das von ihm bedauerte „moralische Defizit" in Europa zu überwinden. Es wies auf das Fehlen der sozialen Dimension, auf die Umwelt- und Wissenschaftspolitik, auf die großen bioethischen Fragen hin: „Wenn es uns nicht gelingt, unserem Kontinent wieder eine ‚Seele' zu geben, verlieren wir den Kampf um Europa – denn mehr denn je werden wir mit ethischen und politischen Fragen konfrontiert. Hierbei spielen Kirche und Religion eine große Rolle. "

Das wichtigste scheint mir zu sein, daß wir über die alten Grenzen hinweg, auch in den Geistern, nicht nur die „Zeichen der Zeit" zusammen richtig lesen – und das impliziert, mehr die Chancen als die Gefahren zu sehen, sondern auch neue Wege der Hoffnung finden. Europa darf nicht ein kinderloser Kontinent werden mit vielen Drogensüchtigen, gebrochenen Ehen, hohen Selbstmordziffern und vielen Skeptikern. Es könnte der Ort des Gleichgewichts werden, des Dialogs und der Toleranz dank einer alten Tradition der Harmonie zwischen Personalismus und Solidarität. Nur eine Steigerung des Verantwortungsgefühls den anderen Kontinenten und Kulturen gegenüber wird Europa gegen die Versuchung des selbstverschlossenen Fatalismus und des Konsummaterialismus schützen. Hier darf ich aus der Intervention von „meinem" Kardinal Danneels in der Eurosynode zitieren: „Wir müssen dafür sorgen, daß eine eventuelle Nord-Süd-Synode nicht mit einem großen Schuldbekenntnis anfangen muß, nämlich durch Unterlassung gesündigt zu haben: wir wußten es ja, aber wir haben nichts getan!" Wenn Gläubige und Kirchen die öffentliche Meinung hier ständig unter Druck setzen, wird die Welt der Politik, auf allen Ebenen, dem Rechnung tragen müssen. Das wichtigste bleibt jedenfalls, den echten Idealisten einen konkreten Grund zur Hoffnung zu geben. Dazu sollen die alten Kirchen die Stimmen der jüngeren Generation hören, auch wenn diese sich an der Peripherie und nicht in den Kirchengebäuden äußern. „Die Zeit drängt" – hat Carl Friedrich von Weizsäcker mit Recht gesagt.

Anmerkungen

[1] Vgl. hierzu *Concilium*, H. 2 (April 1992), mit dem Themenschwerpunkt: „Das neue Europa – eine Herausforderung für die Christen".
[2] O. *Fuchs*, Was ist Neuevangelisierung?, in: *Stimmen der Zeit*, H. 7 (Juli 1992), S. 465–472, hier S. 467.

PAUL KIRCHHOF

Die Grundrechte in der Europäischen Gemeinschaft

Die Gegenwart scheint von einem Siegeszug universaler Menschenrechte bestimmt, gefährdet andererseits auch die Geltungskraft dieser Rechte, weil der traditionelle Ursprung modernen Rechts, nämlich der jeweilige Staat, nicht mehr als verläßlicher Ausgangspunkt für die Setzung und Durchsetzung von Recht gilt. Visionen von den Vereinigten Staaten von Europa, die Idee der Universalität der Freiheitsrechte und einer weltumspannenden Gerichtsbarkeit beanspruchen umfassende Geltung individueller Freiheits- und Gleichheitsrechte, vernachlässigen aber die festgefügte, in einer gemeinsamen Rechtstradition wurzelnden Garanten dieser Rechte, die Staaten.

I. Menschenrechtsschutz im Zusammenwirken der Staaten

Die Idee der Menschenrechte hat einen europäischen Ursprung, beansprucht weltweite Anerkennung, gewinnt jedoch Gestaltungskraft durch die Staaten. Der christliche Gedanke von der jedem Menschen gleichermaßen eigenen, vom Recht vorgefundenen und unveräußerlichen Würde und Personalität, das in der Aufklärung entfaltete Jedermannsrecht auf individuelles Glücksstreben in Grenzen des Rechts und die mit dem Wirtschaftsliberalismus verbreitete Gleichheit jedes Menschen als freies Wirtschaftssubjekt und als Vertragspartner haben einen Kernbestand von Menschenrechten entwickelt, die universale Geltung gegenüber jeder Hoheitsgewalt beanspruchen, deren Durchsetzung jedoch im Recht des jeweiligen Staates ihre Stütze findet.

In Deutschland gelten die Menschenrechte als Grundrechte, die durch das Grundgesetz im Rang des alle Staatsgewalt bindenden Verfassungsrechts gewährleistet sind. Die Grundrechte binden Gesetzgebung, vollziehende Gewalt und Rechtsprechung als unmittelbar geltendes Recht (Art. 1 Abs. 3, Art. 20 Abs. 3 GG). Das Bundesverfassungsgericht überprüft auch die Verfassungsmäßigkeit von Gesetzen auf Antrag von Staatsorganen oder einer betroffenen einzelnen Person.

Die Menschenrechte beanspruchen ihrer Idee nach europa- und weltweite Geltung, gewinnen aber in Deutschland nur aufgrund der deutschen Verfassung und daneben allenfalls aufgrund des EG-Vertrages die Kraft, menschenrechtswidrigen Akten von Gesetzgebung, Regierung, Verwaltung und Rechtsprechung ihre Rechtsverbindlichkeit und tatsächliche Gestaltungsmacht zu nehmen. Im Rahmen der Europäischen Menschenrechtskonvention hingegen kann ein Urteil des Europäischen Gerichtshofs für Menschenrechte einen deutschen Hoheitsakt nicht aufheben und das deutsche Staatsorgan auch nicht unmittelbar aufgrund von Art. 53 EMRK zur Aufhebung verpflichten. Die Europäische Sozialcharta begründet Staatenverpflichtungen, erzeugt jedoch nicht unmittelbar von Behörden und Gerichten anwendbare Rechte des einzelnen. Die weltweiten Menschenrechtsgewährleistungen bleiben in ihrer Gestaltungskraft und Durchsetzbarkeit hinter diesen Garantien zurück.

Die Bundesrepublik Deutschland ist Gründungsmitglied der EWG; der Vertrag für die ursprünglich sechs Mitgliedstaaten ist am 1. Januar 1958 in Kraft getreten; der Vertrag enthält einzelne, von der Rechtsprechung zu einem allgemeinen Gleichheitssatz erweiterte Gleichheitsgewährleistungen und grundlegende Freiheiten des Gemeinsamen Marktes; darüber hinaus hat der Gerichtshof seit 1969 „Grundrechte der Person" als ungeschriebene allgemeine Grundsätze der Gemeinschaftsrechtsordnung anerkannt. Der Europäische Unionsvertrag macht nunmehr die Europäische Menschenrechtskonvention und die sich aus der gemeinsamen Verfassungstradition der Mitgliedstaaten ergebenden Grundrechte zum Vertragsinhalt. Die Europäische Gemeinschaft hat als zwischenstaatliche Einrichtung eine eigenständige, in das innerstaatliche Recht hineinwirkende Rechtsordnung hervorgebracht. Diese findet ihren innerstaatlichen Geltungsgrund in den jeweiligen deutschen Zustimmungsgesetzen zum Vertrag und seinen Änderungen, die den nationalen Rechtsanwendungsbefehl erteilt haben. Die Hoheitsgewalt der Europäischen Gemeinschaft leitet sich aus der Mitgliedschaft der Staaten ab; diese Staaten sind die „Herren der Verträge".

Europäisches Rechtsdenken verlangt somit bis zur Gegenwart eine auf die Menschenrechte verpflichtete Gemeinschaft von Verfassungsstaaten, nicht eine europäische Großorganisation, die den europäischen Staaten ihre Staatlichkeit nähme. Der Ausgangsgedanke der staatsübergreifenden Menschenrechte nimmt für deren Gewährleistung die Staaten in Pflicht. Die Menschenrechte bewahren Individualität und Verschiedenheit, fordern in einem der elementarsten Rechte gegen staatliche Herrschaft, dem Recht, der eigenen Staatsgewalt zu entfliehen (Ausreisefreiheit), und – jedenfalls nach den Wertungen des Grundgesetzes – dem Recht, in einem anderen Staat Zuflucht zu finden (Asylrecht), die Unterscheidung von staatlicher Herrschaft, erweitern die Menschenrechte – beginnend mit der Religionsfreiheit – zu Rechten auch einer in ihrer kulturellen Grundauffassung zusammengehörigen Gemeinschaft und entfalten diesen Grundgedanken schließlich zu einem Selbstbestimmungsrecht der Völker. Das durch europäisches Recht geprägte Denken bestätigt somit im Schutz der Menschenrechte die in gemeinsamer Geschichte, Sprache und Kultur gewachsenen, im gemeinsamen Schicksal zusammengehörigen Staatsvölker und ihre Staaten, bindet diese Staaten aber in einer Rechtsgemeinschaft von Staatsvölkern. Europäisches Rechtsdenken stützt sich auf die politische Gestaltungskraft der Verfassungsstaaten und den Geltungsbereich ihrer Verfassung, nicht auf eine diese Staaten verdrängende staatsähnliche Großorganisation. Die Entwicklung des der Idee nach europäischen Verfassungsrechts wird die Staaten weitergehend einer europäischen und universalen Verpflichtung auf die Menschenrechte öffnen, ihre Souveränität im Dienst der Menschenrechte teilweise modifizieren, die verläßliche Wurzel der Menschenrechte in der Tradition und Kultur europäischer Staaten jedoch nicht gefährden.

Ein Rechtsverbund der europäischen Staaten, der die Menschenrechtsgewähr den Staaten überantwortet und sie durch einen internationalen Schutz lediglich ergänzt, ist letztlich auch effektiver. Die Wirksamkeit einzelner Grundrechte hängt von den in den Staaten vorgefundenen Gegebenheiten ab: Die Eigentümerfreiheit bestimmt sich nach dem jeweiligen Wohlstand, dem Industrialisierungsgrad und den Marktbedingungen eines Staates, die Berufsfreiheit nach dem jeweils in einem Staat verwirklichten Grad der Arbeitsteilung, dem Bildungsstand und der Ausdehnung eines öffentlichen Dienstes. Religionsfreiheit, Wissenschafts- und Kunstfreiheit sowie der Schutz von Ehe und Familie stützen sich wesentlich auf kulturelle Verfassungsvoraussetzungen, die in den nationalen Kulturordnungen ihre Grundlage haben. Staatsbürgerliche Mitwirkungsrechte beziehen sich auf die Legitimation eines Staates und die Mitentscheidung in diesem Staat. Rechtsstaatliche Gewährleistungen, insbesondere der Gerichtsschutz, finden in der jeweiligen staatlichen Gewaltenteilung, Organisations- und Verfahrensstruktur sowie in der jeweiligen Sprache ihre Wirksamkeitsgrundlage. Sozialstaatliche Gewährleistungen einer Mindesthumanität schließlich entwickeln sich mit der Qualität des Rechtsstaates und seiner wirtschaftlichen Leistungskraft: Während der Sozialstaat unmittelbar nach dem Krieg kaum mehr als ein Obdach sowie angemessene Kleidung und Ernährung gewährleisten konnte, umschließt die heutige sozialstaatliche Sicherung des Existenzminimums in Deutschland in ihrer gesetzlichen Ausgestaltung auch technische Einrichtungen wie das Telefon oder das Radio. Auch insoweit empfängt das universale Menschenrecht seinen konkreten Inhalt aus den im jeweiligen Staat verschiedenen Anfragen an das Recht und dem rechtlichen und wirtschaftlichen Leistungsstandard des jeweils menschenrechtsverpflichteten Staates. Die Menschenrechte haben weltweit einen unverzichtbaren Kerninhalt an Freiheits- und Gleichheitsrechten, werden aber in den über diesen Grundbestand hinausgreifenden Ausgestaltungen zu Jedermannsrechten in dem jeweiligen Staat. Dieses gilt insbesondere für die soziale Gleichheit und für das Gerichtsverfahren, teilweise auch für politische Rechte.

II. Der Schutz der Grundrechte in Europa

Gegenwärtig ist der Grundrechtsschutz somit auf die Staaten als Garanten dieses Schutzes angewiesen. Der Gedanke der Vereinigten Staaten von Europa ist vielleicht deshalb so faszinierend, weil er zunächst sehr formal formuliert ist – die Einheit, die Geschlossenheit, der Zusammenhalt, der innere und äußere Frieden bieten Wertungen, die mit wachsenden internationalen Begegnungen und Austauschverhältnissen auf räumliche Ausdehnung drängen. Wer jedoch näher danach fragt, welche materiellen Wertungen und Rechte dieses vereinte Europa garantieren soll, findet dieses Europa schon nicht mehr als geschlossene Wertegemeinschaft vor. Auf der einen Seite steht der Europarat, dessen größte Leistung, die Europäische Menschenrechtskonvention, eine Teilverfassung Europas ist; hier bahnt sich ein Stück kulturgeschichtlich fundiertes Europa an. Auf der anderen Seite steht die Europäische Wirtschaftsgemeinschaft, die sich anschickt, eine Europäische Union im Sinne eines politisch zusammenarbeitenden Staatenverbundes zu werden. Diese Europäische Union wird aus zwölf Mitgliedstaaten in Mittel- und Westeuropa gebildet. Wenn wir diesen Verbund „europäisch" nennen, so enthält dies eine erstaunliche Sprachanmaßung. Die Nichtmitgliedstaaten werden als nichteuropäische ausgegrenzt, das Europäische wird lediglich einer Teilgemeinschaft zugesprochen. Wir gehen daran, das europäische Haus zu bauen, dabei aber einen wesentlichen Teil Europas nicht zu beteiligen und ihn darauf zu verweisen, später an der Tür des fertigen Hauses anklopfen und Einlaß begehren zu können. Diese Grenzziehung ist sorgfältig zu überdenken in einer Situation, in der die Grundrechte in Gesamteuropa nicht gesichert, der Friede in Europa keine Selbstverständlichkeit mehr, ein großes wirtschaftliches Gefälle unter den europäischen Staaten noch nicht ausgeräumt ist.

Die Europäische Union und die ihr zugehörigen Gemeinschaften haben ihren politischen Ursprung und Kern in der Europäischen Wirtschaftsgemeinschaft. Diese ist geprägt von wirtschaftlichen Freiheiten und einer wettbewerblichen Ordnung, die das Marktgeschehen, den Ausgleich von Angebot und Nachfrage, idealtypisch zum Prinzip erhebt. Deshalb wird jedem einzelnen

Menschen die Freiheit zugesprochen, allein aus dem Motiv des Eigennutzes seine eigenen Interessen zu verfolgen. Hierauf beruht der wirtschaftliche Erfolg dieses Systems. Die Wirtschaftsfreiheit ist ganz bewußt von allen moralisch-ethischen Wertungen entkleidet und gestattet jedem Marktbürger in Grenzen des Rechts, nach dem Prinzip des eigenen Vorteils zu handeln. Der einzelne verantwortet Gewinn und Verlust in seiner Person; sein Unternehmen hängt in Erfolg und Mißerfolg von seiner Leistung ab. Das individuelle Erwerbsstreben soll sodann in der Addition der Erwerbsanstrengungen aller Marktbeteiligten die wirtschaftliche Prosperität für die Gesamtheit sichern.

Die Schattenseite dieses Systems verspürt derjenige, der Mißerfolg hat, sich dann aber nicht in der Perspektive der Gleichheit an den erfolgreichen Nachbarn anlehnen darf, er vielmehr bewußt vom wirtschaftlichen Erfolg abgeschnitten wird. Dadurch wird die Einsatzbereitschaft des einzelnen gestärkt, seine Entscheidungskraft verbessert, seine Verantwortlichkeit individuell betont; andererseits werden die wirtschaftlich Erfolglosen von den Einkommensströmen weitgehend ausgenommen. Wenn es nunmehr auch in der Europäischen Wirtschaftsgemeinschaft bereits eine glückliche Selbstverständlichkeit ist, daß dieses Wettbewerbssystem durch eine sozialstaatliche Gewährleistung des Existenzminimums und durch eine gleichheitsgerechte Abstützung der Ausbildungs- und Erwerbschancen gemäßigt wird, so erscheint eine wirtschaftlich konzipierte Rechtsgemeinschaft doch wenig geeignet, die Übergänge zu einer umfassenden Union, insbesondere zu Kunst und Kultur, Wissenschaft und Forschung, Religion und politischer Meinungsfreiheit, Privatheit und erwerbsferner Lebensgestaltung zu ebnen.

Grundsätzlich anders angelegt ist die Konzeption des Europarates. Tragende Gewährleistungen der Europäischen Menschenrechtskonvention sind – in guter Tradition auch der amerikanischen Verfassung – die Religionsfreiheit, die Kunst- und Wissenschaftsfreiheit, die Meinungsäußerungs- und Pressefreiheit sowie die individuelle Bewegungsfreiheit. Sodann bemüht sich der Europarat – gegenwärtig schon weit über die Mitgliedstaaten der Europäischen Gemeinschaft hinausgreifend – um eine menschenrechtliche Integration und Harmonisierung Gesamteuropas. Die

Konvention könnte der Kern einer Verfassung für Europa werden, die gewisse Verantwortlichkeiten und Kompetenzen für Gesamteuropa begründet, insbesondere die Mächtigkeit, den äußeren und inneren Frieden auf der Grundlage von Freiheitsrechten notfalls durch Gewalt zu gewährleisten. Im Kern wäre diese Verfassung durch die Tradition des europäischen Kulturerbes geprägt, also durch den radikalen Gleichheitssatz der christlichen Vorstellung, daß der Mensch Imago Dei ist, er mit Würde und Personalität begabt ist, er allein wegen seiner Existenz in seinem Dasein und Sosein Anerkennung und Achtung beanspruchen darf.

III. Freiheit vom Staat, nicht Freiheit durch den Staat

Ist eine solche Entscheidung für eine europäische Verfassung getroffen, so muß diese Verfassung die Frage nach der grundrechtlichen Freiheit elementar beantworten. Sie zielt im liberalen Verständnis auf eine Freiheit vom Staat, im sozialen Verständnis auf eine Freiheit durch den Staat, behält aber stets den Staat als Inhaber freiheitsbedrohender Mächtigkeit und als Garanten des Freiheitsrechts und seiner tatsächlichen Voraussetzungen im Auge. Die westeuropäischen Verfassungen treffen eine Grundsatzentscheidung für die Freiheit vom Staat. Die klassische Frage nach dem individuellen Recht auf Glück ist damit entschieden. Der moralische Anspruch jedes Menschen auf Teilhabe am Arbeitsleben, auf hinreichende Bildung, auf eine individuelle Wohnung, auf einen eigenen Anteil an den Sachgütern dieser Welt wird dahin beantwortet, daß der einzelne unbehindert dieses sein Glück suchen darf, daß ihm aber dieses Glück nicht – bevormundend – von der Obrigkeit zugeteilt wird. Der freiheitliche Staat gewährt nicht Sicherheit in Armut und Gehorsam, sondern Freiheit in der Offenheit individueller Chancen und Risiken, die zugleich Unsicherheit bedeuten.

Das „Recht auf die eigene Wohnung" ist als moralischer Anspruch unbestritten, läßt aber den Weg, wie die Zuteilung einer Wohnung für jedermann am besten erreicht werden kann, noch offen. Würden wir einen Individualanspruch jedes einzelnen auf

Zuteilung einer Wohnung durch den Staat schaffen, den Staat insoweit zum Schuldner machen, könnte der Staat dieses Grundrecht nur erfüllen, wenn er vorher das Wohnungswesen bewirtschaftet und verstaatlicht hätte. Würden wir jedermann ein Recht auf Arbeit gegen den Staat geben, dann würde der Staat das Arbeitsleben so organisieren, daß jeder dem Arbeitsplatz zugeführt wird, den der Staat für richtig hält. Die Schul-, die Studien-, die Berufswahlfreiheit wäre verloren; die Koalitionsfreiheit der Tarifvertragsparteien müßte einem staatlichen Preisdiktat weichen; die Anlageentscheidung des Unternehmers hätte einer staatlichen Risikoeinschätzung zu folgen. Aus der Freiheit vom Staat wäre eine Dominanz des Staates geworden.

Die Grundentscheidung für die Konzeption einer Freiheit vom Staat, des Rechts jedes einzelnen, auf eigene Gefahr und eigene Chance sein Glück zu suchen, weist den Staat in Schranken, bindet andererseits den Berechtigten nur in Grenzen der Rechtsordnung, legt ihm nicht auch moralisch-ethische Bindungen bei der Ausübung seiner Freiheit von Rechts wegen auf. Würde z. B. der Mathematiker verkünden, daß zwei und zwei fünf sei, so würde die Wissenschaft ihm sagen, daß diese Aussage schlechthin falsch sei und unterbleiben müsse. Der freiheitsgebundene Staat hingegen darf ihm die Aussage nicht verbieten. Das Freiheitsrecht untersagt dem Staat, seine – tatsächlich oder vermeintlich – bessere Erkenntnis an die Stelle des Freiheitsberechtigten zu setzen; er darf ihn auch im Irrtum nicht bevormunden. Ebenso bliebe der reiche Eigentümer, der sich seines redlich verdienten Eigentums allein privatnützig erfreut und schlechthin keinen Pfennig seines Eigentums für gemeinnützige Zwecke verwendet, in Grenzen des Rechts, mag er auch moralisch verwerflich handeln. Der Staat hätte nicht die Befugnis, diesen Eigentümer zu einer Spende an die Caritas zu zwingen; vielmehr hat der Staat die Freiheit des Eigentümers zu achten, sein Eigentum grundsätzlich nach Belieben zu verwenden. Er ist erst dann zu hoheitlichen Eingriffen berechtigt oder auch gehalten, wenn die Freiheitsausübungen andere belasten, etwa der Rechenfehler zur Fehlkonstruktion eines Fahrzeugs oder zur Fehlbemessung einer Medizin führt oder die Eigentumsnutzung durch Immissionen oder Brandgefahr den Nachbarn schädigt.

Wo nun allerdings diese Grenze zur Mitbetroffenheit des anderen – und damit der Anwendungsbereich des Prinzips neminem laedere – verläuft, hängt von dem Ziel der Rechtsgemeinschaft ab. Die Wirtschaftsgemeinschaft geht von der formalen Gleichheit aller in ihrer Vertragsfähigkeit aus und wird den Rechenfehler unbeanstandet lassen, solange er für beide Vertragspartner erkennbar ist. Der Kulturstaat hingegen wird den Rechenfehler als Aussage des Schulunterrichts beanstanden müssen, um seine Schüler vor Denkfehlern zu bewahren. Freiheitsverständnis und Freiheitsrecht hängen somit von der Selbsthilfefähigkeit des Menschen, damit vom jeweiligen Lebensbereich und dem prinzipiellen Menschenbild in einer Rechtsordnung ab. Insofern bestimmt die Art der Rechtsgemeinschaft den Inhalt der gewährten Freiheitsrechte; erst auf dieser Grundlage formt und mäßigt das Freiheitsrecht die jeweilige Hoheitsgewalt.

IV. Wechselbezug zwischen Grundrechtsinhalt und Grundrechtsgaranten

1. Der Staat als Garant der Grundrechte

Die Auswahl des Grundrechtsgaranten betrifft somit nicht nur die Verläßlichkeit der Schutzorganisationen, sondern ebenso den Inhalt der Grundrechte. Wenn wir deshalb den Grundrechten in Europa Geltung verschaffen wollen, müssen wir uns zunächst der Institution vergewissern, die den Inhalt der Grundrechte bestimmt und deren Geltung garantiert. Dabei sollen grundrechtliche Freiheit und Gleichheit in der Weise auf die Hoheitsgewalt einwirken, daß jede hoheitliche Entscheidung letztlich auf die diese Hoheitsgewalt tragenden und legitimierenden Freiheitsberechtigten zurückgeführt wird. Hier zeigt sich die wechselseitige Bedingtheit von Freiheitsrecht und Demokratieprinzip, damit aber auch von Rechtsstaat und der Demokratie als Staatsform. Auch für die Entwicklung einer europäischen Integration gilt als Gegenwartsbefund, daß die Grundrechte in den Staaten und durch die Staaten erkämpft und verwirklicht worden sind. Meine Kernthese besagt deshalb, daß ein Verlust an Staatlichkeit ein Verlust an Verfassungsrecht und damit ein Verlust an Grundrechten wäre.

Demokratie setzt ein Staatsvolk voraus, baut also auf eine vorgefundene Wirklichkeit eines sich seiner Zusammengehörigkeit bewußten, zur gemeinsamen Rechtshervorbringung und Rechtsbindung fähigen und bereiten Volkes. Diese Prämisse kann nicht von Rechts wegen hergestellt werden, sondern ergibt sich aus einer gemeinsamen Kultur und Sprache, gemeinsamen wirtschaftlichen und politischen Interessen, einer Zusammengehörigkeit durch Religion, Familienverbände, Lebensgewohnheiten und ein gemeinsames historisches Schicksal. Auch der Rechtsstaat baut auf Voraussetzungen, die er nicht selbst schaffen kann: die Fähigkeit, sich in gemeinsamer Sprache auszutauschen, den Willen zu einer Friedensordnung, die Bereitschaft zur Entwicklung und Fortbildung einer Hoheitsordnung. Der Sozialstaat setzt eine gemeinsam anerkannte Normalität des Existenzminimums voraus, die in Deutschland 1949 anders definiert worden ist als heute, in Dänemark ein anderes Niveau erreicht als in Portugal. Die staatsbürgerlichen Rechte, insbesondere das Wahlrecht, hängen naturgemäß von den konkreten personellen und sachlichen Alternativen in einem Staat, seinen Parteien und Verbänden, den konkreten Bedürfnissen und der öffentlichen Meinung ab. Einige Staaten kennen eine allgemeine Wehrpflicht, andere nicht; zudem gewinnt die Wehrpflicht ihren Inhalt und ihre Legitimation aus der Rechtsgemeinschaft, die es zu verteidigen gilt. Auch die Steuerpflicht ist eine Jedermannspflicht, nicht nur eine Staatsbürgerpflicht, hängt aber in ihrem Inhalt und damit in ihrer Belastungswirkung von den jeweiligen Staaten ab.

Die Grundrechte würden im Ergebnis einen Teil ihrer Kraft einbüßen, wenn ihre Verwurzelung im Staat und in der Kultur, die dem Staat zugrunde liegt, entfallen würde, sie also auf die Organisation und Gestaltungskraft eines nur abstrakten, nicht kulturell verfestigten Gebildes angewiesen wären. Dabei meine ich mit dem Staat selbstverständlich nicht den Staat des 19. Jahrhunderts, der sich politisch, militärisch und wirtschaftlich gegen andere Staaten abgeschirmt und seine Souveränität als vollständige Unabhängigkeit, auch als völkerrechtliche Ungebundenheit verstanden hat. Der moderne Staat bindet seine Staatsgewalt durch seine Verfassung, verpflichtet sich in der Völkerrechtsgemeinschaft, übt seine Souveränität in Anlehnung an supranationale Organisationen, etwa die EG und die NATO, aus, ist also von vornherein darauf angelegt, im Zusammenwirken mit anderen Staaten dem Frieden in der Welt und der Grundrechtssicherung zu dienen. Der moderne Staat akzeptiert nicht einen Imperialismus als mögliches Handlungsziel und versteht auch den Krieg nicht als ein legitimes Handlungsmittel seiner Politik.

2. Die Gewalt zur Verfassunggebung

Wenn wir einmal unterstellen, wir hätten einen solchen europäischen Staat, dann müßte dieser europäische Staat nunmehr darangehen, sich eine Verfassung zu geben. Damit wiederholen sich die eben gestellten Fragen: Wer wäre legitimiert, eine solche Verfassung hervorzubringen? Wie müßte das Staatsvolk personell und räumlich abgegrenzt werden? Wer wäre durch die Entscheidungen dieser verfassunggebenden Gewalt gebunden?

Die europäische Staatslehre stimmt darin überein, daß die verfassunggebende Gewalt beim Staatsvolk liegt. In unserem Jahrhundert der Demokratie werden wir nur das Staatsvolk als Verfassunggeber anerkennen. Allerdings stützen sich die Europäischen Gemeinschaften gegenwärtig nicht auf ein europäisches Staatsvolk, das sich seiner Zusammengehörigkeit bewußt und zu gemeinsamem politischen Handeln fähig wäre. Es fehlt die gemeinsame Sprache, die jedenfalls für eine so großräumige, unter den Bedingungen moderner Industrialisierung und Kommunikationstechniken stattfindende Staatenbildung unerläßlich wäre. Würde man gegenwärtig eine der großen Sprachen in Europa zur allgemeinen Arbeits- und Volkssprache erklären, so wäre damit die Mehrzahl der Europäer aus dieser Sprachgemeinschaft ausgegliedert. Zudem müßte das europäische Staatsvolk wissen, was in Europa geschieht, wäre also auf ein System der Nachrichtenvermittlung und des kritischen Gedankenaustausches durch europaweit wirkende Medien der Presse und des Rundfunks angewiesen. Europaweit tätige Parteien müßten die politischen Alternativen personeller und programmatischer Art aufbereiten und insbesondere auch zwischen dem Willen des Staatsvolkes und den Inhalten demokratischer Verfassunggebung vermitteln.

Die zweite Frage betrifft die Bindungsgewalt eines verfassunggebenden Staatsvolkes oder einer von ihm legitimierten verfassunggebenden Versammlung. Kann eine so hervorgebrachte Constitutio diese Rechtsgemeinschaft auf Jahrzehnte und Jahrhunderte binden, also der Wille der gegenwärtigen Generation rechtlich den Willen der nachfolgenden Generation bestimmen? Die Klassiker der allgemeinen Staatslehre, insbesondere Hobbes, sagen uns, daß Verfassunggeber nicht derjenige ist, der den Kodex hervorgebracht hat, sondern derjenige, der diesen Kodex als verbindlichen Maßstab an die nächste Generation weitergibt. Diese Lehre verficht den zutreffenden Gedanken, daß der Geltungsgrund einer Verfassung letztlich in der Plausibilität ihrer Inhalte liegt, die von einer Generation zur anderen mit hinreichender Überzeugungskraft weitergegeben wird. Eine vor 200 Jahren beschlossene Staatsverfassung ist für die gegenwärtige Generation nicht besser legitimiert als das Grundgesetz, das vor 43 Jahren ohne Volksabstimmung in Kraft gesetzt, seitdem aber von den beteiligten Rechtsgenossen in ihrem gefestigten politischen Verhalten – insbesondere der stetigen Teilnahme an Wahlen – angenommen und fortgebildet worden ist.

Außerdem liegt der Auffassung, eine Verfassung könne in einem einzigen Akt der Rechtshervorbringung entstehen, ein sehr formales Demokratieverständnis zugrunde. Unterstellt, am nächsten Sonntag fände eine Volksabstimmung über die geltende Verfassung statt und ein Staatsvolk würde über die Alternative Demokratie oder Tyrannis zu entscheiden haben. Weiterhin unterstellt, das Staatsvolk würde sich – wider alles begründete Vertrauen auf seine staatspolitische Vernunft – gegen die Demokratie entscheiden: Wäre damit durch einen demokratisch legitimierten Rechtsetzungsakt Demokratie abgeschafft?

Demokratie fordert, daß alle gegenwärtige Staatsgewalt vom gegenwärtigen Staatsvolk ausgeht. Sie setzt also voraus, daß jedes Staatsvolk für seine Gegenwart bestimmenden Einfluß auf die ihm zuzurechnende Staatsgewalt gewinnen kann, stellt hingegen dieses Prinzip ständiger Legitimation und Einflußnahme auf die Staatsgewalt nicht selbst in Frage. Deshalb wäre eine – im Zusammenhang mit der Wiedervereinigung Deutschlands immer wieder geforderte – Volksabstimmung über das Grundgesetz allenfalls ein Akt der Vergewisserung und Integration, nicht aber ein konstitutiver Akt alleiniger Hervorbringung von Verfassungsrecht.

Für das Entstehen europäischer Grundrechte in Europa zeigt sich damit insbesondere, daß der Wille des Staatsvolkes nicht einzige Entstehensquelle für Recht ist. Unsere Rechtstradition besagte ursprünglich einmal, das Recht ergäbe sich aus der Vorbefindlichkeit, aus dem, was wir in der Natur mit all ihrer Deutbarkeit vorgefunden haben. Hier ist im Kern sicherlich ein richtiger Gedanke formuliert, mag damit auch nicht jede Einzelfolgerung – etwa zur naturrechtlichen Begründung des Eigentumsrechts oder zu einem jus ad bellum – schon gutgeheißen sein. Wir müssen uns aber gegenwärtig wieder ins Bewußtsein rufen, daß bestimmte Grundbefindlichkeiten von der Natur vorgegeben sind und das Recht diese aufnehmen muß. Dies gilt etwa für die Entwicklung des Menschen, der in jungen Jahren noch nicht entscheidungs- und rechtlich handlungsfähig ist, der im Erwachsenwerden in die Vertrags- und Wahlfreiheit hineinwächst, als Erwachsener den breiten Fächer unserer Handlungsfreiheiten beanspruchen darf und im Alter wieder auf eine Betreuung angewiesen ist. Aber auch der gegenwärtig in Deutschland und Europa erreichte Industrialisierungsgrad, unser Leben unter den klimatischen, geographischen und wirtschaftlichen Bedingungen in Mitteleuropa, unsere kulturelle Prägung durch die Tradition unserer Rechts- und Gesellschaftsordnung und durch die Weltoffenheit eines modernen Industriestaates sind Vorgaben, denen das Recht sich nicht entziehen kann. Hier liegt ein Entstehensgrund – wenn auch nicht immer ein Erkenntnisgrund – für das Recht.

Der Wille der verfassunggebenden Gewalt ist selbstverständlich maßstabgebend, wenn Mächtigkeiten und wirtschaftliche Herrschaft zuzuteilen sind. Hier bestimmt sich der Inhalt des Verfassungsrechts nach der Dezision des Organs, das wir als entscheidungsberechtigt definiert haben. Die dritte Quelle schließlich, die wir in einem Prozeß europäischer Verfassunggebung einbringen müßten, ist die Vernunft. Der Wille folgt – zumindest in der rechtlichen Theorie – dem Prinzip, daß jeder am besten seine eigenen Interessen definiert und durchsetzt. Dem steht jedoch das Prinzip entgegen, daß auch die Summe der Eigeninteressen für die Rechtsgemeinschaft und damit für den Staat schädlich sein kann. Wir machen diese Erfahrung gegenwärtig eindrücklich beim Umweltschutz, bei der Neudefinition des Generationenvertrages zwischen arbeitender und aus dem Arbeitsleben ausgeschiedener Bevölkerung sowie bei dem Ausgleich zwischen der Leistungsfähigkeit eines reichen Europas und den Bedürfnissen von mit weniger Reichtum und einem geringeren Entwicklungsstand ausgestatteten Regionen der Welt. Eine als freiheitliche Kulturordnung verstandene Rechtsordnung braucht also ein Gegenprinzip zum Mehrheitswillen, der akkumulierter Eigennutz sein kann. Hier liegt die Kernfunktion der Grundrechte: Der einzelne setzt sich in seinen elementaren Rechten auch gegenüber der Mehrheit des Staatsvolkes oder einem einstimmigen Beschluß des Parlaments durch. Ihm steht eine eigene Staatsgewalt – die dritte, rechtsprechende Gewalt – zur Verfügung, um seine Rechte gegenüber dieser Mehrheit durchzusetzen.

Entstehens- und Geltungsgrund für europäisches Recht ist deshalb die Vorbefindlichkeit der Natur, der Wille des entscheidenden Organs und ein Grundprinzip der Rechtsvernunft, das den Blickwinkel des Rechts über die Interessen der Beteiligten auf das Wohl auch der Unbeteiligten erstreckt.

3. Die Erwartungen an eine Grundrechtsordnung

Damit komme ich zur dritten Frage, der nach unseren Erwartungen an eine neuzubildende europäische Grundrechtsverfassung. Sicherlich steht fest, daß diese Verfassung ein geschriebener Kodex werden soll, damit die Rechtsbeteiligten einen verläßlichen Erkenntnisgrund für geltendes Recht gewinnen, das Recht als Idee also in alltäglich handhabbare Rechtstitel umgeformt werden wird. Was den Inhalt dieser Verfassung angeht, läßt sich jedoch nicht mit gleicher Bestimmtheit eine Grundsatzaussage treffen.

In der Verfassungstheorie treffen gegenwärtig zwei gegenläufige Grundlinien aufeinander. Die eine versteht die Verfassung als Organisationsprinzip des Staates in einer prinzipiellen Entwicklungsoffenheit, die andere deutet die Verfassung als eine Werteordnung. Diese Entgegensetzung scheint mir allerdings überzeichnet. Selbstverständlich muß das Staatsrecht, das den Staat definiert, ihm Aufgaben zuweist und seine Handlungsmöglichkeiten begrenzt, auf Vorstellungen und Ideen beruhen, die dem Menschen eine Orientierung in der Welt geben und einen Maßstab der gemeinschaftlichen Welterfahrung darstellen und bieten. Deswegen ist es eine Selbstverständlichkeit, daß das Grundgesetz oder eine zukünftige europäische Verfassung sich auf Werte gründen. Wie sollten sich staatsformende und Staatsmächtigkeiten begrenzende Freiheiten und Gleichheitsprinzipien entwickeln, wären sie nicht Ausdruck einer Bewertung von staatsrechtlicher Erfahrung, einer Einschätzung politischer Gefahren, einer Kompensation gegenläufiger Willen und Interessen? Und dennoch ist die Frage nach der Wertebegründung des Verfassungsrechtes eine der Zentralfragen, die uns bewegen. Auch wenn das Grundverständnis des Rechts als Werteordnung anerkannt ist, bleibt die Sorge, daß die Rückführung der Verfassung auf Wertprinzipien die Positivität, die Konkretheit des geschriebenen Verfassungstextes lockern könnte und damit demjenigen, der die Verfassung zu handhaben hat, einen größeren Entscheidungsspielraum zuweisen möchte. Die Verfassung soll in ihrer Schriftlichkeit eine konkrete, nüchterne Ordnung des Zusammenlebens bleiben, deshalb nicht durch Wertvorstellungen angereichert werden, die der Verfassungsinterpret empfindet, ohne sie in der Geschichte der Verfassunggebung und deren textlichem Resümee verankern zu können.

So kommt es zu der bekannten These, daß alles Reden von der Werteordnung des Rechts, auch alles Reden von der Gerechtigkeit metaphysischer Trug sei, daß schon das Fragen nach den Leitideen des Rechts dessen Verbindlichkeit gefährde. Ich nehme diese Frage sehr ernst. In der Tat ist jeder, der die Rechtsordnung rechtsverbindlich zu handhaben hat, alltäglich mit der Gefahr konfrontiert, die eigenen Wertungen oder jedenfalls wertende Akzentuierungen in das geltende Recht hineinzutragen. Dennoch halte ich die These, die Frage nach der Gerechtigkeit würde letztlich das Recht verfremden, für genauso töricht wie etwaige Bedenken gegen eine Frage an den Arzt, ob er der Gesundheit dienen wolle. Wenn die Verfassung nicht von Werten geprägt ist, bleibt sie Juristenwerk und kann niemals geistiges Gemeineigentum der Rechtsgemeinschaft werden. Sie gewinnt Überzeugungskraft nur aus Grundprinzipien, die letztlich die Gemeinschaft tragen und von der Gemeinschaft getragen werden. Allerdings ist die Verpflichtung des Arztes, der Gesundheit zu dienen, noch keine Lösung für seine individuelle Diagnose und Therapie. Ebenso gibt die Verpflichtung des Richters auf die Gerechtigkeit ihm nicht einen den Einzelfall lösenden Handlungsmaßstab, sondern zwingt ihn, den Sachverhalt vollständig zu ermitteln und den Maßstab des konkreten, in Gesetzestexten ausgeprägten Rechts seiner Entscheidung zugrunde zu legen.

Deshalb betont das Bundesverfassungsgericht in ständiger Rechtsprechung, daß die Verfassung von einem bestimmten Menschenbild geprägt sei. Seit der Investitionshilfeentscheidung wird die Gesamtverfassung verstanden mit Blick auf ein Menschenbild, das nicht nur das freiheitliche, aber isolierte Individuum meint, sondern das Individuum in ein Spannungsverhältnis von Staat und Gemeinschaft hineinstellt und damit in den Freiheitsrechten zugleich die rechtlichen Grenzen und Bindungen der Freiheit definiert.

Diese Grundsatzentscheidung der Verfassung stützt sich auf Art. 1 des Grundgesetzes, die Verpflichtung des Staates, die Würde des Menschen zu achten und zu schützen. Werteordnung ist also Würdeordnung. Wert und Würde haben nicht nur sprachlich dieselbe Wurzel, sondern sie bezeichnen in der Würde das personale Element, das im Wert als objektives, verallgemeinertes Prinzip die Rechtsordnung bestimmen soll. Aus diesem Grundprinzip ergeben sich dann in einer Ableitung, die nicht immer ein nur logischer Vorgang ist, sondern weitere Wertungen und damit Dezisionen voraussetzt, weitere Ausprägungen einer Friedens- und einer Freiheitsordnung. Die in der Garantie von Menschenwürde und Individualität angelegte Freiheitsgarantie gewährt jedermann ein Freiheitsrecht, verlangt damit aber notwendigerweise auch einen Freiheitsverzicht des einzelnen in Respekt vor der gleichen Freiheit des anderen. Damit fordert die Freiheit einen Gleichheitssatz und ein Übermaßverbot, veranlaßt bestimmte Schutzpflichten des Staates für den Freien und dirigiert somit in groben Abstufungen aus einem Kerngedanken des Rechts, der Garantie der Würde, die Rechtsordnung in ihren Grundstrukturen, wenn auch nicht in jeder Einzelausprägung, etwa in den Fragen der Wirtschaftsverfassung.

Die Rechtsordnung kann somit als Grundrechtsordnung – als Würde- und Werteordnung – nur existieren, wenn sie ein Konzentrat der vorgefundenen Kulturordnung ist. Dieses gilt es insbesondere gegenwärtig bewußt zu machen, weil das Stichwort von der multikulturellen Gesellschaft, das die deutsche Verfassungsdiskussion sehr bestimmt hat, jetzt auf Europa überzugreifen scheint. Eine freiheitliche Staatsverfassung ist ein Stück Kultur, lebt aus traditionellen Werten und einer fundierten Erfahrung in der Handhabung der Werte. Auf dieser gesicherten Grundlage kann sich die freiheitliche Verfassung bewußt für das Fremde öffnen, den anderen in seiner Andersartigkeit und Freiheit respektieren. Eine multikulturelle Gesellschaft hingegen, die sich als Wettbewerb der Kultursysteme definiert, bleibt im Ergebnis dieses Wettbewerbs offen und stellt sich damit potentiell selbst in Frage. Das aber bedeutet, daß eine die Mächtigkeit begrenzende Staatsverfassung sich nicht gegen andere behaupten will, sie vielmehr zuläßt, daß die zukünftige Verfassung von den Mächtigeren und Robusteren bestimmt wird. Die jeweils obsiegende Macht unterwirft die andere und schreibt dann die so herbeigeführten Strukturen fest. So könnte das demokratische Prinzip der Macht auf Zeit abgelöst und durch die lebenslängliche Verpflichtung auf den Diktator ersetzt werden, der Prozeß der öffentlichen Meinungsbildung und Kritik durch eine Rechtspflicht zur Loyalität, vielleicht zur Huldigung verdrängt, die Gewährleistung von Berufs- und Eigentümerfreiheit durch Arbeitspflicht und Gemeineigentum aufgehoben, das Prinzip der religiösen Toleranz ins Gegenteil verkehrt, die Gleichstellung von Mann und Frau durch eine Dominanz des Mannes ersetzt, das Gebot der Mindesthumanität selbst im Kriegsfall durch die Verpflichtung zur Vernichtung des Gegners abgelöst werden.

Deshalb sollten wir in Europa und in Deutschland nicht von der multikulturellen Gesellschaft, sondern von einer kulturoffenen Gesellschaft sprechen, die sich ihrer eigenen kulturellen Wurzeln bewußt und in dieser gewachsenen Kultur fest verankert ist, so daß sie das Fremde nicht nur in Gelassenheit ertragen, sondern seine Entfaltung in Grenzen des Rechts – also in Respekt vor dem Prinzip der Würde, der Freiheit und Gleichheit – rechtlich gewährleisten kann.

4. Die Verfassungsvoraussetzungen

In den Grenzen strikt verbindlichen Rechts bieten die Freiheitsrechte den Menschen bestimmte Entfaltungsmöglichkeiten an, erzwingen aber nicht, daß diese Entfaltungsmöglichkeiten auch tatsächlich angenommen werden. Freiheitsrechte sind Angebote, keine Verpflichtungen. Der Realbefund einer freiheitlich verfaßten Gemeinschaft hängt deshalb ganz wesentlich von dem nichtstaatlichen Teil dieser Rechtsgemeinschaft, von der Gesellschaft, den Grundrechtsberechtigten ab.

Wenn das Grundgesetz in Art. 6 Abs. 1 die Ehe und Familie garantiert, hängt die Wirklichkeit von Ehen und Familien wesentlich davon ab, ob dieses Angebot angenommen wird, die Menschen also heiraten und im Rahmen der bestehenden Ehe sich für ein Kind entscheiden. Wenn Art. 5 Abs. 3 GG die Wissenschaftsfreiheit für jedermann anbietet, gewinnt dieser Freiheitsgedanke nur Realität, wenn sich Menschen finden, die die Kraft zur wissenschaftlichen Anstrengung, zum Eingeständnis selbsterkannter Fehler, zur Publikation und Auseinandersetzung mit der fachlichen Kritik haben. Die Religionsfreiheit des Art. 4 GG bedeutet nicht schon, daß die Menschen religiös sind, besagt vielmehr nur, daß Menschen, wenn sie religiös sind, in der Handhabung ihrer Religion von Staats wegen nicht behindert werden. Gäbe es in diesem Staat nur Atheisten, würde dieses Freiheitsrecht leerlaufen. Gleiches gilt für das Demokratieprinzip als organisationsrechtliche Konsequenz der Freiheit. Die Demokratie bietet dem Staatsbürger an, als Wähler ein Mitgestaltungsrecht auszuüben. Stellen Sie sich vor, es wären nächsten Sonntag Wahlen und keiner ginge hin: Das demokratische Prinzip wäre gescheitert.

Diese Angebotsfunktion unserer freiheitlichen Verfassung ist keine besondere Schwäche dieses Systems, sondern eine besondere Stärke, die dem einzelnen gerade dort Handlungs- und Entfaltungsmöglichkeiten anbietet, wo er sie aus eigenem Antrieb sucht. Hier zeigt sich erneut, daß diese Verfassung nicht einen individuellen, in Freiheit isolierten Willen zur Entfaltung bringt, sondern die Freiheit in eine vorgefundene und in der Entwicklung befindliche Kulturordnung einbettet. Der Mensch will am Berufs- und Erwerbsleben teilhaben, nutzt deshalb die Berufs- und ·Eigentümerfreiheit, weil er die wirtschaftliche Grundlage seines eigenen Lebens verbessern wie auch Anerkennung und Begegnung im Arbeitsleben erfahren will. Er wird bei seinem Fragen und Denken langfristig nicht die Suche nach Ursprung und Ziel des menschlichen Daseins ausklammern wollen und sich deshalb mit dem Phänomen Religion auseinandersetzen. Er ist geprägt von wissenschaftlicher Neugierde und bei entsprechender Begabung auch von dem Willen, seinem Forschungsdrang zu folgen und damit zum wissenschaftlichen Fortschritt beizutragen. Er sucht aus Zuneigung, im Willen zur Privatheit und Geborgenheit den Ehepartner und die Familie und gibt damit auch diesem Ausgangsprinzip individueller Freiheit seinen tatsächlichen Anwendungsbereich. Er ist an seinem Gemeinwesen interessiert und nutzt deshalb die demokratischen Mitbestimmungs- und Einflußmöglichkeiten. Insofern kann die Verfassung auf die Bereitschaft und Fähigkeit der Beteiligten zur Freiheit und zur Demokratie bauen. Allerdings bleibt die Aufgabe, auch in Zukunft den freiheitsfähigen Demokraten zu gewährleisten; hier sind die Familien, die gesellschaftlichen Gruppen, die Kirchen gefordert. Eine freiheitliche Verfassung gewinnt ihre Kraft allein dadurch, daß sie von freiheitsfähigen Bürgern aufgenommen und weitergegeben wird und so ein freiheitlich verfaßtes Staatsvolk bewahrt.

5. Drei verdeutlichende Beispiele

Die europäische Idee der Grundrechte, die in den einzelnen Staaten ihre Wurzel und ihren Garanten findet, wird sich in der Entwicklung zu einem europäischen Staatenbund nur behaupten können, wenn sie nicht nur als Rechtssatz, sondern als Verfassungsidee weitergegeben wird. Dieses möchte ich an drei Beispielen veranschaulichen:

a) Das Berufsleben

Die gegenwärtige Diskussion um die Berufsfreiheit und die Eigentümerfreiheit ist noch wesentlich geprägt von der das 19. Jahrhundert zu Recht bestimmenden Antithese von Kapital und Arbeit. Insbesondere die Gewährleistung der Koalitionsfreiheit gruppiert die beiden Seiten des Arbeitgebers, der kraft seines Kapitals Arbeit anbietet, und des Arbeitnehmers, der um des Lohnes willen Arbeit nachfragt. Diese Entgegensetzung war vor 100 Jahren Anlaß für die Enzyklika Rerum Novarum und ist jüngst auch Gegenstand der Enzyklika Centesimus Annus gewesen, die zu Recht mit Nachdruck ins Bewußtsein rückt, daß die Antithese von Kapital und Arbeit dadurch überholt ist, daß die berufliche Qualifikation heute auch die Mächtigkeit auf der Arbeitgeberseite definiert. In den Kapitalgesellschaften herrscht heute weniger der Anteilseigner als der Vorstand, der sich aus beruflich qualifizierten, den wegen ihrer Berufsqualifikation Ausgewählten zusammensetzt. Heute stehen in den leitenden Angestellten auch auf der Arbeitgeberseite Arbeitnehmer; umgekehrt gewinnen bei den Publikumsgesellschaften auch Arbeitnehmer als Anteilseigner einen gewissen Einfluß auf das Unternehmen.

Damit rückt der Mensch in den Mittelpunkt dieses Wirtschaftsgeschehens, der über wissenschaftliche Einsichtsfähigkeit und Organisationskraft verfügt, der menschliche Bedürfnisse aufspüren, befriedigen, auch hervorbringen kann. Hier bietet sich eine verbesserte Chance, daß das Arbeitsleben mehr und mehr als Ausdruck menschlicher Personalität in Würde organisiert und konkret erlebt wird. Hinzu tritt die ständig voranschreitende Technisierung, die einen Großteil der Arbeitslast, insbesondere der manuellen Arbeit, vom Menschen wegnimmt und ihm deshalb ein Stück Freiheit, ein Stück Herrschaft über diese Erde und seinen konkreten Arbeitsplatz zuweist. In einer neuen Verfassung brauchen Berufsfreiheit und Eigentümerfreiheit nicht in einer potentiellen Gegensätzlichkeit gesehen zu werden, sondern als Ausdrucksform zweier Arten der Sinngebung und Beherrschung des Wirtschaftslebens, in denen der Mensch die Technik lenkt und mit ihrer Hilfe erleichtert individuelle Bedürfnisse befriedigt.

Diese Überlegungen haben erhebliche Konsequenzen für die Eigentumsverteilung. Wenn Centesimus Annus sagt, daß sich das Eigentum aus eigener Arbeit rechtfertige, ist dies eine weit in die Zukunft vorausgreifende Forderung, nicht geltendes Recht in Europa. Allerdings ist eine in diese Richtung weisende Entwicklung angebahnt.

Schon gegenwärtig dominiert im Wirtschaftsleben weniger das Sacheigentum als das geistige Eigentum, die individuelle Verfügungsbefugnis über die Idee, das Patent, das Urheberrecht, die Erfindung, den gewerblichen Rechtsschutz. Verläßlichste, unversiegbare und am wenigsten störungsanfällige Quelle für Eigentum ist das geistige Eigentum. Wer ein Buch geschrieben hat und damit kontinuierlich Leser findet, wer eine Musik komponiert hat und damit auf Dauer Hörer begeistert, der hat für viele Jahre eine Quelle individuellen Einkommens und individueller Anerkennung gewonnen.

Die zweite Entwicklungslinie der Eigentumsverfassung deutet an, daß wir innerhalb des Eigentums drei Untergruppierungen rechtlich unterscheiden. Die erste Gruppe bildet das höchstpersönlich beherrschte private Eigentum, die Sachherrschaft über Dinge des höchstpersönlichen Gebrauchs, etwa der Kleidung, des Buches, der Wohnung. Dieses Eigentum dient der persönlichen Lebensgestaltung und ist deshalb gegen äußere Einflüsse schlechthin abgeschirmt. Es festigt in der Unterscheidung zwischen mein und dein Eigenständigkeit und Selbstbewußtsein, erlaubt persönliche Vorkehrungen gegen wirtschaftliche Wechselfälle, fördert den Sinn für die Bewahrung und Pflege eines Wirtschaftsgutes, ermöglicht auch die Freigebigkeit und sieht den Gütertausch nach Selbsteinschätzung und Eigennutz vor.

Grundsätzlich andere Regeln gelten für das Unternehmereigentum. Dieses ist heute weniger Kapitalgesellschaft als Gemeinschaft der Arbeitenden; keiner der Gesellschaft Zugehörigen ist aus dieser durch die Arbeit geprägten Gemeinschaft ausgeschlossen. Rechtlich bestimmend ist somit die Widmung einer Kapitalgesellschaft. Damit wird das Anliegen einer Gewinnmaximierung, legitimes Antriebsmittel des Erfolges unserer Wirtschaftsordnung, zu einem Teilprinzip, das durch Gegenprinzipien gemäßigt und ergänzt wird. Das Unternehmenseigentum ist in der Verpflichtung auf den Arbeitenden – von der Arbeitsplatzsicherung bis zum Arbeitsschutz – geformt und insoweit der alleinbestimmenden Hand des Unternehmers entwunden.

Für die dritte Gruppe von Wirtschaftsgütern, den Gütern in Gemeingebrauch, tritt der Elementargedanke des Eigentums, die individuelle Sachherrschaft, vollständig zurück; dominierend ist die Verpflichtung auf die Bewahrung der Schöpfung, wie es einige neuere Landesverfassungen in Deutschland eindrucksvoll formulieren. Die Enzyklika Centesimus Annus bringt denselben Gedanken zum Ausdruck, wenn sie betont, daß die Güter der Erde universell bestimmt sind. Nicht individuelle Verfügbarkeit, sondern nur die Verfügbarkeit in der Generationenfolge prägt dieses Gemeineigentum, das auch den nachfolgenden Generationen eine vergleichbare Nutzungsmöglichkeit gewährleistet. Auch hier zeigt sich, daß Entstehens- und Erkenntnisquelle für Recht nicht nur der Wille des Rechtsetzers ist, sondern daß dieser Wille durch die Vorbefindlichkeit und durch das Prinzip der Vernunft gebunden ist, das auch die Rechte und Anliegen der Nichtbeteiligten zur Geltung bringt. Hier wird der christliche Gedanke einer Ethik des Überlebens als Verpflichtung gegenüber der Dritten Welt, wie sie in den Aussagen von Justitia et Pax 1987 niedergelegt sind, zunehmende Bedeutung gewinnen.

b) Die Fähigkeit zur Freiheit

Die Grundrechtsgewährleistung in Europa wird entscheidend auf die Gewährleistung von Ehe und Familie angewiesen sein. Die Menschenrechtskonvention, der inzwischen immerhin 27 Staaten in Europa beigetreten sind, garantiert diesen Schutz ausdrücklich.

Ehe und Familie bilden die kleinen Einheiten der Privatheit und des Geborgenseins, die den einzelnen gegen den Staat und die öffentliche Umwelt abschirmen, die eine Distanz zum Staat als Grundlage jeder Freiheit sichern. Der Mensch braucht die Familie, um seine Kräfte zu erproben, die Begegnung mit den Mitmenschen zu erlernen, die Bereitschaft, anders zu sein als der Nachbar, zu entfalten. Die Familie ist die Grundlage für Individualität und individuelle Fähigkeit zur Freiheit.

Der Schutz von Ehe und Familie muß insbesondere im modernen Arbeitsleben neu organisiert werden, das jedenfalls die Frau oft vor die schroffe Alternative stellt, entweder den Mutterberuf oder den Erwerbsberuf auszuüben. Im letzten Jahrhundert konnte die Frau beides in einer Tätigkeit vereinigen, als Mann und Frau Vorsteher eines Gewerbebetriebes oder einer Landwirtschaft waren und sie Erwerb und Familie in Kooperation pflegten. Heute sind Erwerbstätigkeit und Familientätigkeit räumlich getrennt; diese Trennung muß durch eine grundsätzliche Änderung des Arbeits- und Sozialrechts überwunden werden, insbesondere durch gesetzlich garantierte Erziehungszeiten mit Wiedereingliederungsgarantie, durch familiengerecht flexible Teilzeitbeschäftigungen, durch Kinderbetreuungsmöglichkeiten im Betrieb, durch muttergerechte Modifikation von Ausbildungs- und Studienordnungen und insbesondere durch eine Honorierung der von der Mutter erbrachten Arbeitsleistung. Es ist ein Skandal, wenn im Rahmen des Generationenvertrages allein die Gruppe der Mütter, die im wesentlichen diesen Vertrag durch Verzicht auf Berufstätigkeit aufrechterhält, kaum Ansprüche aus eigenem Recht gewinnt, während die Menschen, die sich gegen die Erziehung von Kindern und für den eigenen Erwerb entscheiden, voll berechtigt sind. Wenn dieses System einer unsozialen Sicherung mit dem Hinweis gerechtfertigt wird, die Mütter hätten – mangels eigenen Einkommens – keinen Beitrag gezahlt, so wird dort übersehen, daß diese Mütter zu den Fundamenten des sozialen Sicherungssystems beigetragen haben. Hier besteht ein soziales Unrecht, das auf die Wurzeln unserer freiheitlichen Rechtsordnung, die Bereitschaft zur Familie, zurückwirkt.

c) Die kulturellen Rechte

Jede Verfassung baut auf eine bestimmte Kultur, deren Entwicklung in den kulturellen Rechten ermöglicht und vorgezeichnet wird. Jede reale Staatsverfassung gründet auf die Ergebnisse, die im Rahmen der Freiheit von Kunst und Wissenschaft, von Bildung und Ausbildung, von Presse und Rundfunk und insbesondere der Religionsfreiheit hervorgebracht werden.

Diese Freiheiten sind in den europäischen Staaten und in den europäischen Konventionen gewährleistet. Aufgegeben ist uns jedoch gegenwärtig, über die Grenzen dieser Kulturfreiheiten nachzudenken. Es besteht heute die Gefahr, daß die Freiheitsrechte bestimmter Kulturträger so dominierend wirken, daß sie andere Freiheitsrechte bedrängen und beherrschen, damit dem Gedanken der Gleichheit und der Freiheit widersprechen.

Das deutlichste Beispiel bietet die Pressefreiheit. Der freien Presse kommt das Verdienst zu, in einem ständigen Meinungsaustausch und insbesondere einer stetigen Kritik an den Machtträgern dieses Staates den Willensbildungsprozeß zwischen Staatsvolk und Staat zu vermitteln und anzuregen. Diese unverzichtbare

Voraussetzung unserer demokratischen Staatskultur wird jedoch gefährdet, wenn diese Pressefreiheit Einzelpersönlichkeiten an den Pranger stellt und dort auch in ihrer persönlichen Lebensführung und ihrem privaten Umfeld entblößt. Der einzelne Mensch wird in Wort und Bild gerichtet, in einem früheren Fehlverhalten auf Dauer fixiert, in einer Einzelperspektive kontinuierlich öffentlich beobachtet. Meister der Feder haben in großen Romanen eindrucksvoll beschrieben, wie die Macht des Wortes einen einzelnen Menschen in die Enge treiben, herabwürdigen, psychisch und physisch vernichten kann. Beispiele bieten Heinrich Böll in der „Katharina Blum", Jean-Paul Sartre im „Nekrassow", Stefan Heym in seinem autobiographischen Roman „Nachruf".

Auch die Pressefreiheit ist auf das zurückzuführen, was jedes Freiheitsrecht kennzeichnet, nämlich den Respekt vor der gleichen Freiheit des anderen. Gegenwärtig verfügen wir kaum über ein Instrumentarium zum Schutz dessen, über den berichtet wird. Das Recht der Gegendarstellung bietet eine stumpfe Waffe, die eher das Problem in Erinnerung ruft.

Auch die Errungenschaft des Datenschutzes greift vor allem gegenüber der öffentlichen Hand, kaum gegenüber privaten Datensammlungen, wie wir sie bei den Banken und bei den Medien kennen. Zu erwägen wäre insbesondere, ob nicht wenigstens ein Individualanspruch des einzelnen über das, was in der jeweiligen Datenbank über seine Person gespeichert ist, begründet werden müßte. Der einzelne Mensch wäre dann nicht mehr nur Objekt fremder Beobachtung und Aufzeichnung, sondern er verfügte jedenfalls über das Wissen, um potentielle Aussagen über seine Person erwarten und auch abwehren zu können.

So unverzichtbar die öffentliche Kritik in einer Demokratie ist, so notwendig ist auch, das Persönlichkeitsrecht des einzelnen gegenüber Veröffentlichungen jedenfalls in der Weise zu schützen, daß er über das Material im vorhinein informiert ist, um sich dann innerlich zu rüsten und auch vorbeugend wehren zu können. Die Frage nach den Grenzen der Pressefreiheit ist ein sensibles, ein mißbrauchsanfälliges Thema, das aber gerade deswegen einer sachlichen Analyse bedarf.

HANS BESTERS

Risiken und Chancen der Europäischen Wirtschafts- und Währungsunion

Jede Volkswirtschaft ist ein komplexes Räderwerk von ineinandergreifenden güter- und geldwirtschaftlichen Prozessen. Dennoch trennen die Ökonomen analytisch nicht ohne Grund zwischen güterwirtschaftlichen (oder realen) Zusammenhängen und geldwirtschaftlichen (oder monetären) Problemen. Das ist vor allem ordnungspolitisch bedeutsam. Gemäß dem marktwirtschaftlichen Konzept soll die Güterwelt – soweit eben möglich – der Selbststeuerung durch Markt und Wettbewerb unterworfen und die Wirtschaftspolitik grundsätzlich auf die Rahmensetzung beschränkt sein. Das kann herrschender Meinung zufolge nicht für die Geldwirtschaft gelten. Die Ursache dafür wird in der uneinlöslichen Papierwährung gesehen. Heutiges Geld darf man nicht privat herstellen können. Die Selbststeuerung durch Markt und Wettbewerb ist nur dort anwendbar, wo der Knappheitsgrad der Güter zu vermindern ist, keineswegs dort, wo ein Überangebot an Geld – wenn viele die eigene Notenpresse bedienen – zu beschränken ist. Dazu ist ein Monopol erforderlich. Demzufolge fehlt der marktwirtschaftlichen Güterwelt die adäquate Geldordnung. Ebenso wie in anderen Lebensbereichen unveränderte Maßeinheiten gelten (z. B. Meter als Längenmaß, Kilogramm als Gewichtsmaß, Liter als Hohlmaß), müßte auch die Geldeinheit unveränderbar sein. Das ist aber nicht der Fall. Ich bezeichne das als *monetären Defekt*. Mehr noch: Gütervolumen und Geldversorgung müssen aufeinander abgestimmt werden. Das gesamtwirtschaftliche Gleichgewicht zwischen beiden stellt sich nicht automatisch ein; es ist ermessensbestimmt, und Verfehlungen in der Handsteuerung führen zu Konjunkturschwankungen.

I. Europäische Wirtschafts- und Währungsunion versus nationale Souveränität

1. Die europäischen Integrationsbemühungen in der Güterwirtschaft unter den ehemals sechs, derzeit zwölf Mitgliedern sind inzwischen weit fortgeschritten und können mit der (weitgehenden) Vollendung des Binnenmarktes zum 31. Dezember 1992 als vorläufig abgeschlossen gelten. Ein Problem besteht allerdings nach wie vor in den unterschiedlichen Modalitäten zur Wirtschaftspolitik. Nur für die Agrar-, Verkehrs- und (Außen-)Handelspolitik (seit dem 1. Januar 1970) gilt die gemeinsame Politik, die einer Wirtschaftsunion gemäß ist. Die meisten anderen Politikbereiche sind in nationaler Zuständigkeit verblieben und nur als „Angelegenheit von gemeinsamem Interessse" deklariert worden. Über die Geld- und Finanzpolitik schweigt sich der EWG-Vertrag vollständig aus; hier fehlt jedwede Direktive.

Somit ist selbst die Wirtschaftsunion als gemeinsam abgestimmte, widerspruchsfreie Politik in allen Wirtschaftsbereichen unvollständig. Auf jeden Fall fehlt ihr aber das monetäre Pendant in Form der Währungsunion. Was ich damit sagen will, ist, daß die Bezeichnung des Projektes als „Europäische Wirtschafts- *und* Währungsunion" berechtigt ist. Dabei ist stets der eingangs gegebene Hinweis auf das komplexe Räderwerk zwischen güter- und geldwirtschaftlichen Zusammenhängen zu beachten: Die ermessensbestimmte Handhabung der Geld- und Finanzpolitik in expansiver wie kontraktiver Richtung wirkt auf die Güterwirtschaft ein und löst dort Anpassungsprozesse aus.

2. Die Währungsunion ist in drei Stufen geplant. Seit dem 1. Juli 1990 befinden wir uns in der ersten Stufe, die hauptsächlich durch die Freigabe des Kapitalverkehrs zwischen den EG-Ländern gekennzeichnet ist und bis zum 31. Dezember 1993 läuft. Am 1. Januar 1994 soll die zweite Stufe mit dem Europäischen System der Zentralbanken (ESZB) beginnen, in welchem die nationalen Währungen fortbestehen, aber gehalten sind, sich an bestimmten Konvergenzkriterien zu orientieren. Das zu gründende Europäische Währungsinstitut (EWI) übernimmt die Aufgabe, die Geldpolitik unter den EG-Mitgliedern zu begleiten, den Europäischen Rat über Konvergenzfortschritte zu unterrichten und

dadurch den Übergang zur Europäischen Zentralbank der dritten Stufe vorzubereiten. Bei Erfüllung der bereits beschlossenen Konvergenzkriterien soll dann zum 1. Januar 1997, spätestens jedoch 1999 die europäische Einheitswährung mit nur einer Europäischen Zentralbank (EZB) eingeführt werden. Im Unterschied zum nachfolgenden Schaubild erscheint es mir zweckmäßig, im folgenden die Bezeichnung ESZB (Europäisches System der Zentralbanken) bereits für die zweite Stufe zu verwenden, während die Bezeichnung EZB (Europäische Zentralbank) ausschließlich der dritten Stufe vorbehalten ist.

3. Die Währungsunion kann auf zwei Wegen verwirklicht werden,

– entweder durch eine Wechselkursunion
– oder durch eine europäische Einheitswährung.

Die Wechselkursunion läßt die nationalen Währungen zwischen den Mitgliedsländern unangetastet. Sie basiert auf festen Wechselkursen bei voller Konvertierbarkeit und uneingeschränkter Transferierbarkeit aller beteiligten Währungen. Sie gilt für die ersten beiden Stufen. In der dritten Stufe soll dann die europäische Einheitswährung die nationalen Währungen ablösen und die Geldversorgung auf die EZB übertragen werden.

4. In der Binnenwirtschaft wird der Güteraustausch in nationaler Währung vollzogen, in der Weltwirtschaft muß über verschiedene Währungen abgerechnet werden. Der Preis der Auslandswährung in heimischer Währung ist der Wechselkurs. Aufwertung bedeutet dann, daß der Preis der Auslandswährung fällt, Abwertung, daß er steigt. Vergleichen wir die sechziger Jahre mit der Gegenwart: Während die Deutschen damals für einen US-Dollar 4 DM zahlen mußten, bekommen sie ihn heute für ca. 1,60 DM. Das ist eine erhebliche Aufwertung. Umgekehrt erlösten die Amerikaner damals für einen Dollar 4 DM, heute hingegen rd. 1,60 DM. Das ist eine entsprechende Abwertung. Jede Aufwertung verteuert aber den Export und verbilligt den Import, was die heimische Wirtschaft ungern sieht, u. U. auch nationale Interessen tangiert. Marktbestimmt sind Auf- und Abwertungen jedoch nur bei freischwankenden Wechselkursen, sie setzen also eine Wechselkursflexibilität voraus und sind auf zwei Ursachen zurückzuführen, güterwirtschaftlich auf unterschied-

liche Wachstumsraten, geldwirtschaftlich auf unterschiedliche Inflationsraten.

Unter den zwölf Währungen in der EG besteht jedoch ein Festkurssystem, innerhalb dessen die Wechselkurse nur administrativ verändert werden können. Gegen solche Wechselkursänderungen – sog. *realignments* – bestehen aber nicht unerhebliche Vorbehalte. Aufwertungsverdächtige Länder neigen dazu, die Aufwertung wegen der damit verbundenen Exporteinbußen zu vermeiden. Abwertungsverdächtige Länder weisen weit von sich, die fällige Abwertung als Quittung für ihre miserable Wirtschafts- und Geldpolitik hinzunehmen. Deshalb besteht ein weitgehender Konsens, administrative Wechselkursanpassungen auszuschließen und die Zinspolitik als Alternative zur Wechselkurspolitik einzusetzen. Das läuft darauf hinaus, anstelle der fälligen Aufwertung das Zinsniveau herunterzuschleusen, anstelle der fälligen Abwertung das Zinsniveau heraufzuschleusen. In den aufwertungsvermeidenden Ländern tritt mit der Verbilligung des Geldes ein erheblicher Konflikt zur Preisniveaustabilität, in den abwertungsvermeidenden Ländern mit Verteuerung des Geldes ein solcher zur Vollbeschäftigung auf.

5. Alle exportierten und importierten Werte zwischen einer Volkswirtschaft und dem Rest der Welt werden in der Zahlungsbilanz erfaßt, die – grob gesehen – in eine Leistungsbilanz und eine Kapitalbilanz zerfällt. Dabei ist zu beachten, daß Kapitaltransaktionen invers zu Gütertransaktionen verbucht werden, also Forderungen aus Güterexporten positiv, Forderungen aus Kapitalexporten hingegen negativ und umgekehrt. Folglich kann es sein, daß verselbständigte, güterwirtschaftlich ungebundene Kapitaltransaktionen sich nicht mit einem gegenläufigen Saldo in der Leistungsbilanz ausgleichen, wie es in laufenden Geschäften zum Ausgleich einer Bilanz sein müßte. Dann erhöhen bzw. vermindern sich die Währungsreserven bei der Zentralbank. Zum Ausgleich der Zahlungsbilanz wäre es allerdings sinnvoller, den Wechselkurs zu ändern.

Die drei Stufen zur Wirtschafts- und Währungsunion

Stufe 3 (frühestens ab 1. 1. 1997)

- Unwiderrufliche Festlegung der Kurse der
  nationalen Währungen untereinander sowie
  gegenüber der ECU; bisherige Korb-ECU wird
  zur eigenständigen Währung; Vorbereitung der
  raschen Einführung der ECU als einheitliche
  Währung
- Europäisches System der Zentralbanken (ESZB)
  nimmt seine Arbeit auf;
- Europäische Zentralbank (EZB) löst EWI ab
- ESZB übernimmt von den nationalen Notenbanken die Verantwortung für die Geldpolitik

Stufe 2 (ab 1. 1. 1994)

- Gründung des Europäischen Währungsinstituts
  (EWI) als Vorläuferin der Europäischen Zentralbank.
  Aufgabe: Abstimmung der nationalen Geldpolitik und
  Vorbereitung der dritten Stufe
- Vermeidung übermäßiger Defizite der öffentlichen
  Haushalte
- Überleitung der nationalen Notenbanken in die
  Unabhängigkeit
- Konstanz der Gewichte im ECU-Währungskorb
  („Einfrieren")

Stufe 1 (seit 1. 7. 1990)

- Völlige Liberalisierung des Kapitalverkehrs in der EG
  (befristete Ausnahmen für Irland, Spanien, Portugal,
  Griechenland)
- Teilnahme aller EG-Mitglieder am Wechselkurs- und
  Interventionsmechanismus des EWS, möglichst innerhalb der
  engen Bandbreite von +/– 2¼ Prozent
- Verstärkte multilaterale Überwachung der nationalen
  Wirtschaftspolitik und intensivere Koordination der
  Geldpolitik
- Festlegung mehrjähriger Konvergenzprogramme für jedes
  Mitgliedsland

Entnommen aus: Positionen, Nr. 35, November 1992,
hrsg. vom Institut der deutschen Wirtschaft, Köln.

II. Entwicklung
des Europäischen Währungssystems (EWS)

Das fehlende monetäre Pendant zum Vorlauf der güterwirtschaftlichen Integration hat seit dem Haager Gipfel vom 1./2. Dezember 1969 die Politiker mehrfach beschäftigt. Das Ergebnis des Haager Gipfels ließ aufhorchen. Die Politiker unterwarfen sich einem gewissen Zugzwang, nämlich innerhalb von zehn Jahren bis zum 31. Dezember 1979 die Währungsunion zu verwirklichen. Zwar wurde die Währungsunion nicht erreicht, aber im März 1979 das Europäische Währungssystem (EWS) geschaffen, das auf festen Wechselkursen mit einer bestimmten Bandbreite basiert und die ECU als Reservemedium und Umrechnungsmittel, nicht jedoch als Zahlungsmittel verwendet. Angesichts der negativen Erfahrungen mit der internationalen Währungsordnung von Bretton Woods, die ebenfalls auf festen Wechselkursen beruhte und 1973 endgültig zusammenbrach, sagten viele Ökonomen dem EWS keine allzu lange Lebenszeit voraus. Sie prognostizierten monetär verursachte, *fundamentale* Zahlungsbilanzungleichgewichte, die noch durch einen dreifachen Finanzierungspakt für die Defizitländer unterstützt wurden, nämlich mit einer „sehr kurzfristigen Finanzierung", mit einem „kurzfristigen Währungsbeistand" und einem „mittelfristigen Währungsbeistand". Trotzdem hätte das EWS infolge *autonomer* Geld- und Haushaltspolitik der Mitglieder bald einstürzen müssen, was sich jedoch nicht bewahrheitet hat.

Warum sind bis in die jüngste Vergangenheit ernsthafte Spannungen im EWS ausgeblieben – von Januar 1987 bis September 1992 sogar trotz des Verzichtes auf jedwede Wechselkurskorrektur? Zur Beantwortung dieser Frage soll kurz die Entwicklung im EWS aus der Sicht der DM zu den Mitgliedswährungen und gegenüber dem US-Dollar nachgezeichnet werden. Dazu erweist sich die Unterteilung in folgende Phasen als sinnvoll:
 – in eine erste Phase von März 1979 bis Februar 1982,
 – in eine zweite Phase von März 1982 bis Ende 1985,
 – in eine dritte Phase von Januar 1986 bis Ende 1989,
 – in eine vierte Phase von Januar 1990 bis September 1992.

Erste Phase von März 1979 bis Februar 1982

In dieser Phase zeigte die deutsche Wirtschaft ein ziemlich desolates Bild. Im Innern trieb die sog. Stagflation – zunehmende Inflation verbunden mit um sich greifender wirtschaftlicher Stagnation – ihrem Höhepunkt entgegen. Trotz vielfältiger Beschäftigungsprogramme, die bis Ende 1981 gut 100 Mrd. DM verschlungen hatten, war die Arbeitslosigkeit ständig gestiegen. Die Nettoneuverschuldung der Gebietskörperschaften (ohne Sonder- und Schattenhaushalte) erreichte 1981 mit 74.421 Mio. DM ihren damaligen Höchststand. Dieser Befund veränderte die bis dahin positive Nettoposition in der Außenwirtschaft ins Gegenteil: Die Bundesrepublik wurde von einem Hauptüberschußland zu einem Defizitland.

1. Innerhalb der EG entfiel aufgrund des mit dem EWS verbundenen Festkurssystems, auf das viele ihre Hoffnungen zur Wiederbelebung der Binnenwirtschaft gesetzt hatten, die oppositionelle Entwicklung der DM, die in der Vergangenheit einen ständigen Exportüberschuß zur Folge hatte. Dadurch geriet die Bundesrepublik in die gleiche Situation wie vordem ihre EG-Partner, nämlich in den Konflikt zwischen inländischer Konjunkturschwäche, die eine expansive Politik mit niedrigen Zinsen nahelegte, und einer defizitären Leistungsbilanz, die eine kontraktive Politik durch hohe Zinsen erforderte. Oft genug hatte die Bundesregierung in der Vergangenheit anderen Nationen, die chronisch unter diesem Konflikt litten, empfohlen, ihr Zinsniveau zum Zwecke des Zahlungsbilanzausgleichs hoch zu halten, selbst wenn sie es zur Stärkung ihrer Binnenkonjunktur senken wollten. Nun war sie in der gleichen Situation und mußte sich anhören, wie ihr die Partner mit einer gewissen Schadenfreude dasselbe nahelegten.

2. Der Zustand der US-Wirtschaft war eher noch erschreckender als der der bundesdeutschen. In der mit dem Jahreswechsel 1980/81 zu Ende gehenden Carter-Administration mit ihren vielfältigen sozialstaatlichen und internationalen Experimenten erreichte nicht nur die Staatsverschuldung eine bis dahin unbekannte Höhe, sondern auch die Inflation mit 13,5 v. H. eine für amerikanische Verhältnisse unvorstellbare zweistellige Rate. Dar-

aufhin fiel an der Jahreswende 1979/80 der Dollar auf den damaligen Tiefstand von 1,71 DM. Diese Abwertung traf die deutsche Exportwirtschaft ziemlich hart. Doch auch gegenüber anderen Drittländern machte der bisherige deutsche Leistungsbilanzüberschuß einem Leistungsbilanzdefizit Platz.

Insgesamt betrug 1979 das deutsche Leistungsbilanzdefizit 11,2 Mrd. DM, 1980 29,5 Mrd. DM (bis dahin das größte eines Industriestaates überhaupt) und 1981 16,5 Mrd. DM. Erst 1982 wurde wieder ein Leistungsbilanzüberschuß von 7,5 Mrd. DM erzielt.

Zweite Phase von März 1982 bis Ende 1985

Diese Phase beginnt mit dem Regierungswechsel in Bonn. Der ist insofern bedeutsam, als eine Abwendung von der nachfrageorientierten Konjunkturpolitik erfolgte, nämlich weg von Keynesianischen Beschäftigungsprogrammen und hin zur angebotsorientierten Stabilisierungspolitik, die der Sachverständigenrat schon in seinem Jahresgutachten 1976/77 vorgezeichnet, damit aber bei der alten Bundesregierung kein Gehör gefunden hatte. Dadurch konnte die Inflationsrate kontinuierlich gesenkt werden, wenngleich mit deren Verminderung auch Stabilisierungsopfer in Form von zunächst noch zunehmender Arbeitslosigkeit verbunden waren. Bezüglich der Staatsverschuldung wurde eine konsequente Konsolidierungspolitik eingeleitet. Die Nettoneuverschuldung (wiederum ohne Sonder- und Schattenhaushalte) ging ab 1982 kontinuierlich zurück[1] und reduzierte sich 1985 auf 45.717 Mio. DM. Die Anti-Inflations- wie die Konsolidierungspolitik ließen auf eine bisher vermißte Kontinuität in der Wirtschaftspolitik schließen, die das Vertrauen bei Unternehmen und Haushalten langsam verbesserte.

1. In der EG unterlag die DM wieder einem Aufwertungstrend. Dabei ist allerdings zwischen einer marktbestimmten Aufwertung bei Wechselkursflexibilität und einer administrativen Aufwertung im Festkurssystem zu unterscheiden. Wenngleich bis Ende 1985 nicht weniger als neun Wechselkursanpassungen erfolgten, stimmen beide keineswegs überein, weil die *realignments* in der Regel zu gering sind und zu spät erfolgen. Wie im deutschen

Fall ergeben sich dann trotz des Aufwertungstrends weiterhin Exportüberschüsse.

2. In den USA erfolgte die Ablösung der Carter- durch die Reagan-Administration bereits ein Jahr zuvor, nämlich im Januar 1981. Damit war ein noch deutlicherer Umbruch in der Wirtschaftspolitik als in der Bundesrepublik verbunden – zumindest was die Inflationsbekämpfung betraf, während die Staatsverschuldung durch den expansiven Verteidigungshaushalt vorerst noch weiter anstieg. Immerhin war ein doppelter Effekt zu registrieren, einerseits ein ökonomischer Effekt, nämlich ein deutlicher Zinsanstieg, andererseits ein Signaleffekt, nämlich ein erheblicher Vertrauenszuwachs für rentable und sichere Geldanlagen. Daraufhin ist im wahrsten Sinne des Wortes kofferweise Geld aus aller Herren Ländern in die USA geschafft worden, so daß der Dollarkurs kontinuierlich bis zum Februar 1985 auf 3,47 DM stieg. Wozu kann aber der Devisenzufluß benutzt werden, wenn nicht für Importe, die daraufhin sehr zum Leidwesen der amerikanischen Wirtschaft erheblich anwuchsen.[2] Dadurch hat sich das amerikanische Leistungsbilanzdefizit als Folge des ständigen Kapitalzuflusses immerzu vergrößert. Um die Gefahr eines neuen Protektionismus abzuwehren, verfielen daraufhin die damaligen G 5 (inzwischen erweitert auf G 7) auf eine zweifache konzertierte Aktion gegen den Dollar, um ihn herunterzuschleusen. Die erste Aktion erfolgte am 26. Februar 1985 mit mäßigem, die zweite am 22. September 1985 mit bemerkenswertem Erfolg. Daraufhin fiel der US-Dollar bis Ende 1985 auf 2,20 DM und ist seitdem – wenn auch nicht abrupt – weiterhin kontinuierlich gefallen. Spiegelbildlich dazu hat sich die DM entsprechend verbessert.

Dritte Phase von Januar 1986 bis Ende 1989

Während dieser Phase sind die Anti-Inflations- wie die Konsolidierungspolitik in der Bundesrepublik konsequent fortgeführt worden. 1986 und 1987 verzeichnete die Bundesrepublik sogar ein absolut stabiles Preisniveau, was in der pluralistischen Gruppendemokratie äußerst selten und nach dem Zweiten Weltkrieg nur den Amerikanern zwischen 1952 und 1954 gelungen war. Trotz der ersten beiden Stufen der Steuerreform 1986 und 1988 mit einem Entlastungsvolumen von rd. 24 Mrd. DM ging die Nettoneuverschuldung der Gebietskörperschaften 1989 auf 25.969 Mio. DM zurück. Der kontinuierliche Konjunkturaufschwung verlängerte sich auf nicht weniger als acht Jahre (und befindet sich 1992 im elften Jahr, wenngleich sich in diesem Herbst sein Ende abzeichnet).

1. Im EWS hätten durch diese Härtung der DM erhebliche Spannungsverhältnisse zu den übrigen Währungen entstehen müssen. Solche Spannungsverhältnisse mit den erforderlichen *realignments* sind jedoch nicht entstanden. Die Ursache liegt in der zwischenzeitlich zunehmenden Konvergenz der Geld- und Finanzpolitik der EG-Mitglieder. Immerhin hat sich der Durchschnitt der Inflationsraten im EG-Raum von 15,6 v. H. in 1980 auf 3,9 v. H. in 1987 vermindert. Somit hat eine deutliche Konvergenz stattgefunden, die jedoch keine eindeutige, sondern folgende Alternative in der Erklärung zuläßt:

– Entweder haben amtierende Politiker nicht nur in Deutschland, sondern auch in anderen EG-Ländern aus dem Mißerfolg Keynesianischer Beschäftigungspolitik gelernt (die die Inflation anheizt, aber kaum noch zusätzliche Beschäftigung schafft – und wenn, dann nur vorübergehend) sowie daraufhin schweren Herzens von solcher Praxis Abschied genommen;

– oder der Disziplinierungseffekt fester Wechselkurse hat gewirkt, da der Wechselkursverbund ein ausuferndes Leistungsbilanzdefizit begrenzt und zur Umkehr der Geld- und Finanzpolitik veranlaßt.

Nach herrschender Meinung trifft die zweite Erklärung zu. Danach ist der DM die sog. *Ankerfunktion* zugefallen. Mehr und mehr EG-Länder haben sich zur Vermeidung sonst fälliger Abwertungen, somit zur Absicherung ihrer stärker als zuvor stabilitätsorientierten Politik der Kursbindung an die DM als der stärksten Mitgliedswährung bedient und dabei höhere Zinsen als sonst in Kauf genommen.[3] Die Stabilitätspolitik der Bundesbank hat gleichsam die übrigen EWS-Währungen ins Schlepptau genommen. Darüber sind die EG-Partner bedauerlicherweise nicht glücklich, was auch die Auseinandersetzungen um die letzten Währungsturbulenzen belegen.

– Sie empfinden den von der starken DM ausgelösten Anpassungsdruck als Beeinträchtigung ihrer wirtschafts- und geldpolitischen Autonomie. Sie wünschen die Ablösung der Dominanz der deutschen Geldpolitik durch eine Mitwirkung und Beteiligung aller an den für die Gemeinschaft wichtigen geldpolitischen Entscheidungen. Das ist nicht so unverständlich, wie es zunächst scheinen mag. Aufgrund des Korbgewichtes der DM überträgt sich nämlich deren Aufwertungsdruck auf die übrigen EWS-Währungen. Weisen diese aber keine vergleichbare Preisniveaustabilität auf, können die Regierungen den „induzierten" Aufwertungstrend kaum gutheißen, der ihre Exporte belastet und ihre Importe beflügelt. Von der Bundesbank verlangen sie, vom Aufwertungsdruck der DM entlastet zu werden, indem diese ihre schwächeren Währungen stützt, was mehrfach und im September 1992 massiv, nach Angaben der Bundesbank mit nicht weniger als 93 Mrd. DM und bis Ende 1992 sogar mit 110 Mrd. DM geschehen ist.[4] Das hat der DM – über die Stabilitätsgefährdung durch die Finanztransfers nach Ostdeutschland hinaus – sehr geschadet, die seit dem Jahreswechsel 1993 eine Inflationsrate von über 4 v. H. aufweist.

– Daraus folgt bereits, daß auch die Bundesbank über die Ankerfunktion der DM nicht glücklich sein kann. Solange die Inflationsraten in den EWS-Währungen noch unterschiedlich sind und neuerdings wieder zunehmen, läuft sie ständig Gefahr, in ihrer Stabilitätspolitik beeinträchtigt zu werden: Bei festen Wechselkursen, die immerzu verteidigt werden, obwohl sie angepaßt werden müßten, importiert die Bundesrepublik zwangsläufig einen Teil der Inflation aus dem EWS-Raum bzw. exportiert einen Teil der DM-Stabilität, den sie praktisch „verschenkt".

Trotz des deutschen Stabilitätsopfers, über das die EWS-Partner eigentlich glücklich sein müßten, üben sie offen oder versteckt an der Ankerfunktion der DM im EWS heftige Kritik. Bevor wir der entscheidenden Frage nachgehen, ob sie dadurch mehr gewinnen oder verlieren, muß vorab die vierte Phase kurz charakterisiert werden.

2. Der Aufwertungstrend der DM gegenüber dem US-Dollar hat sich bis Ende 1989 und darüber hinaus behauptet. Die amerikanische Inflationsrate lag ständig zwischen 2 und 3 Prozentpunkten über der deutschen. Die erfolgten *realignments* im April

1986, August 1986 und Januar 1987 konnten die übrigen EWS-Währungen nicht vom Aufwertungsdruck der DM zureichend entlasten, so daß sich die Bundesbank veranlaßt sah, von Zeit zu Zeit zusätzlich US-Dollars aus dem Markt zu nehmen. Dennoch wurde der US-Dollar kontinuierlich schwächer und fiel Ende 1989 bereits auf 1,70 DM.

Vierte Phase von Januar 1990 bis September 1992

Diese Phase beginnt 1990 im Jahr der deutschen Einheit. Mit dem Umrechnungsverhältnis der Ostmark in DM von 1:1 ergab sich eine Gefährdung der Preisniveaustabilität, durch die fehlende Wettbewerbsfähigkeit der desolaten DDR-Wirtschaft eine zunehmende Arbeitslosigkeit, wenngleich es noch schlimmer hätte kommen können, nach dem ermittelten Produktivitätsabstand sogar müssen. Dafür ist aber die Nettoneuverschuldung der Gebietskörperschaften schon 1991 auf 117 Mrd. DM angestiegen und dürfte Ende 1992 140 Mrd. DM erreichen, was auch das bislang wachsende Vertrauen in die deutsche Wirtschaftspolitik wieder verunsichert hat.

1. In der EG hat sich 1990 und 1991 eine Schwäche der DM wegen zunehmender Inflation eingestellt. Insofern ist das sich zwischenzeitlich abzeichnende Spannungsverhältnis zu den übrigen EWS-Währungen nicht von Dauer gewesen. Als sich jedoch herausstellte, daß die deutsche Geldmenge zu stark expandierte und den Preisauftrieb anheizte, setzte die Bundesbank die Leitzinsen herauf – mit der Folge eines verstärkten Zuflusses anlagesuchenden Auslandsgeldes, so daß die DM seit Mitte 1992 erneut einem Aufwertungstrend unterliegt.

Die kritisierte „Hochzinspolitik" der Bundesbank führte in etwa zu einer vergleichbaren Situation, die den USA in der zweiten Phase von März 1982 bis Ende 1985 zu schaffen machte – ohne daß diesmal die Wechselkurse reagieren konnten, weil sie politisch gebunden sind. Die zur Wiedergewinnung der Preisniveaustabilität erforderliche Zinspolitik lockt eben verstärkt Auslandsgeld zur Anlage in der Bundesrepublik an. Dadurch hätte der DM-Kurs marktbestimmt ständig sinken, d. h. aufwerten müssen; er kann aber nur bis zum unteren Interventionspunkt fallen. Die Zinspolitik als Alternative für die notwendige Wechselkurskorrektur stößt also definitiv an ihre Grenze. Statt zum Zahlungsbilanzausgleich zu führen, bewirkt sie einen Überschuß in der Kapitalbilanz, ohne daß der Leistungsbilanzüberschuß trotz der DM-Stärke zurückgeht. Im Festkurssystem ist nämlich solange keine Minderung des Leistungsbilanzüberschusses zu erwarten, wie die ausländische Inflationsrate noch höher liegt als die deutsche. Dann ist es für die Ausländer immer noch vorteilhafter, in Deutschland statt im eigenen Land einzukaufen. Als letzter Ausweg bleibt schließlich nur die administrative Wechselkursanpassung, das *realignment*, nämlich die offizielle Abwertung der schwachen Währungen, in diesem Fall des britischen Pfundes und der italienischen Lira, die am 17. September 1992 aus dem Wechselkursverband ausgeschieden sind und seitdem frei schwanken. Das laute Geschrei der genannten Länder, die keine Unabhängigkeit der Notenbank kennen, das berüchtigte *deficit spending* praktizieren und ausgerechnet der Bundesbank eine Mitschuld an ihrer miserablen Wirtschaftslage anlasten – anstatt für die erforderliche Preisniveaustabilität in ihrem Zuständigkeitsbereich zu sorgen –, ist schlicht absurd. Der Kern des Problems liegt eindeutig in der *autonomen* Geld- und Finanzpolitik dieser EG-Partner, die aller Erfahrung nach auch in der künftigen Währungsunion keine Garantie für eine zureichende Preisniveaustabilität bieten.

2. Auch die USA haben sich angesichts der Konjunkturschwäche wieder stärker von der Preisniveaustabilität entfernt. 1989 betrug die dortige Inflationsrate bereits 5 v. H. und wies gegenüber der deutschen eine Differenz von 2 Prozentpunkten auf. Die Folge war eine marktbestimmte, kontinuierliche Abwertung des US-Dollars auf knapp 1,50 DM. Das hat aber die deutsche Exportwirtschaft kaum belastet, zumal die Währungsturbulenzen vom September 1992 den US-Dollar bis Ende des Jahres wieder auf 1,60 DM steigen ließen.

III. Risiken durch politisch abhängige Notenbanken

Hinsichtlich der Chancen und Risiken erweist sich die Weichenstellung in der zweiten Stufe der Europäischen Währungsunion, die am 1. Januar 1994 beginnen und in der das EWI errichtet werden soll, als besonders wichtig. Der bisherige Überblick zeigt bereits, wie bedeutsam die politische Unabhängigkeit der weiterhin bestehenden nationalen Notenbanken für die Verwirklichung der Preisniveaustabilität ist. Nur bei Unabhängigkeit der dann im ESZB zusammenarbeitenden Notenbanken hat die Preisniveaustabilität eine Chance. Mit Ausnahme von Frankreich denkt kein EG-Mitglied jedoch derzeit daran, seine Notenbankverfassung entsprechend zu ändern.

1. Jedoch ist nicht zu übersehen, daß auch in Deutschland immer wieder die politische Unabhängigkeit der Bundesbank von Interessen-, teils auch von Bankenvertretern kritisiert wird. So hat der IG-Metall-Vorsitzende Steinkühler anläßlich der Erhöhung des Diskontsatzes vom 16. Juli 1992 dem Zentralbankrat vorgeworfen, der Preisniveaustabilität die übrigen makroökonomischen Ziele mit negativen Folgen für die Wirtschaftslage und die Beschäftigung zu opfern.[5] Seine Forderung lautet, die rivalisierenden drei Ziele – Vollbeschäftigung, außenwirtschaftliches Gleichgewicht und stetiges Wirtschaftswachstum – ausdrücklich als Aufgaben in das Bundesbankgesetz aufzunehmen. Außerdem müsse die Bundesbank stärker in die demokratische Willensbildung eingebunden werden. Dafür schlägt er zwei Instrumente vor:

– einerseits eine erweiterte Rechenschaftspflicht der Bundesbank gegenüber dem Parlament, z. B. in Form eines jährlich vom Bundestag zu beratenden Rechenschaftsberichtes,

– andererseits eine verstärkte Beteiligung der sog. „relevanten" Sozialgruppen (die übrigen spielen ohnehin keine Rolle) an der Vorbereitung und Begleitung der geldpolitischen Entscheidungen. Dies könne durch einen Beirat geschehen, der in seiner Zusammensetzung die gesellschaftlichen Interessen widerspiegelt.

Was geschehen würde, wenn Gewerkschaften – demzufolge auch Arbeitgeberverbände – Einfluß auf die Geldpolitik der Bundesbank nähmen, kann sich jeder ausmalen. Die Bundesbank würde der laxen Geldpolitik der meisten ihrer EG-Partner anheimfallen.

Weniger revolutionär, eher versteckt sind auch Bankenvertreter inflationär angehaucht. Mit recht fragwürdigen Argumenten versuchen sie, der Bundesbank ein höheres Geldmengenziel abzuhandeln, z. B. mit der Konstruktion einer unvermeidlichen Inflationsrate, mit einer überproportionalen Steigerung der Geldnachfrage durch Ausweitung des deutschen Währungsraumes, durch Zunahme internationaler Finanztransaktionen, durch Vermehrung der Schattenwirtschaft sowie durch administrative Preiserhöhungen im Osten. Das widerspricht nicht nur der vor nicht allzu langer Zeit tatsächlich erreichten absoluten Preisniveaustabilität, sondern basiert auch auf der wenig überzeugenden Hypothese der *cost-push-inflation*.

2. Angesichts der immer noch vorhandenen Sensibilität der deutschen Bevölkerung – zweier Inflationen in einer Generation zufolge – ist das gelegentlich entfachte Scharmützel in der öffentlichen Diskussion bei uns m. E. kaum von Bedeutung, anders jedoch auf europäischer Ebene. Hier findet nach wie vor ein zähes Ringen um die Konstruktion der Währungsunion statt. Das wird bereits im Abschlußbericht des Ausschusses zur Prüfung der Wirtschafts- und Währungsunion unter dem Vorsitz des Kommissionspräsidenten J. Delors vom 12. April 1989 deutlich. Dieser ist maßgebend für den Dreistufenplan. Während sich die erste Stufe mit der Einführung des freien Kapitalverkehrs begnügt und in der dritten Stufe (frühestens 1997, spätestens 1999) die Einheitswährung verwirklicht werden soll, erweist sich die zweite Stufe, die ursprünglich ab 1. Januar 1993 gelten sollte, auf deutschen Widerspruch aber erst zum 1. Januar 1994 eingeführt wird, als die problematische. Wie soll die Zusammenarbeit im ESZB mit weiterhin bestehenden nationalen Zentralbanken und nationaler Geldversorgung funktionieren? Der Delors-Bericht zeigt einen fragwürdigen Weg auf: „Die Koordinierung so vieler nationaler Geldpolitiken, wie Währungen an der Union teilnehmen, würde nicht ausreichen. Die Zuständigkeit für die einheitliche Geldpolitik müßte einer neuen Institution übertragen werden, in der zentralisierte und kollektive Entscheidungen über die Geldmenge und das Kreditvolumen wie auch über andere geldpolitische Instrumente, einschließlich der Zinssätze, getroffen werden."[6] Ferner soll die neue Institution gegenüber dem Europäischen Parlament zur Rechenschaftslegung verpflichtet sein. Statt der bisher freiwilligen Koordination vertritt der Delors-Bericht eine demokratisch-institutionalisierte gemeinsame Geldpolitik im Makrobereich, dem die üblichen vier Ziele zugrunde liegen.

Diese Linie verfolgt Frankreich nachdrücklich auch für die Einheitswährung der dritten Stufe. Das hat Mitterrand in seinem Fernsehauftritt vor dem französischen Volksbegehren am 10. September 1992 deutlich gemacht, indem er erklärte: „… die künftige Zentralbank, die … erst ab 1997 oder 1999 existieren wird, trifft keine Entscheidungen. Vor allem entscheidet sie nicht über die Wirtschaftspolitik. Es ist der Europäische Rat, es sind die zwölf Staats- und Regierungschefs, d. h. die durch ein allgemeines Wahlrecht Gewählten, die Entscheidungen treffen werden." Die nationalen Notenbankpräsidenten der dann übergeordneten Europäischen Zentralbank wertet er als Techniker ab. „Die Techniker der Europäischen Zentralbank sind verpflichtet, auf dem monetären Feld die Entscheidungen des Europäischen Rates auszuführen … Die über die Wirtschaftspolitik zu entscheiden haben, also auch über die Geldpolitik, die nur ein Mittel der Ausführung (der Wirtschaftspolitik) ist, (sind) die vom allgemeinen Wahlrecht gewählten Politiker."[7] Zur Überraschung der Deutschen hat das Mitterrand ohne Rücksicht auf das Unabhängigkeitspostulat tatsächlich in seinem Fernsehauftritt so formuliert.

Somit konzentriert sich die Auseinandersetzung auch zukünftig auf die zentrale Frage, wie es um die Sicherung der Unabhängigkeit einer Europäischen Zentralbank von politischen und nationalen Einflüssen bestellt ist, die ihrerseits Voraussetzung für die anzustrebende Preisniveaustabilität ist.

IV. Unrealistische Konvergenzkriterien

Zurück zur Zusammenarbeit im ESZB der zweiten Stufe, in der noch die Wechselkursunion gilt. Die bestehende ECU setzt sich aus einem Korb von zwölf EG-Währungen von unterschiedlicher Stabilität zusammen; unter Beachtung deren unterschiedlichen Gewichts im Korb spiegelt sie damit auch die Inflationsentwicklung aus dem gewichteten Durchschnitt dieser Währungen wider. Somit driftet die ECU tendentiell auf eine mittlere Inflationsrate zu. Dadurch wird verständlich, daß die Bevölkerung in Mitgliedsländern mit schwächerer Währung als die ECU letztere als Zahlungsmittel tendentiell präferiert, die Bürger in Mitgliedsländern mit härterer Währung als die ECU hingegen ihre nationale Währung vorziehen. M. E. sollte man den Zug zur besseren Währung generell unterstützen und nicht allein auf die ECU setzen; vielmehr könnten auch bestehende nationale Währungen gemäß dem englischen Vorschlag eine Bewährungschance erhalten – mit der Folge, daß die dominanten Währungen einen permanenten Anpassungsdruck auf die übrigen ausüben und – falls letztere sich nicht behaupten können – am Ende nur eine Währung übrigbleibt. Wer den Erfolg dieser Strategie bezweifelt oder sich aus nationalen Vorbehalten gegen sie wendet, sollte mindestens dafür eintreten, daß die Wechselkurse anpassungsfähig bleiben und von Zeit zu Zeit auch angepaßt werden.

In den Währungsturbulenzen vom September 1992 hat sich gezeigt, daß der Anpassungsdruck der DM nicht nur wegen ihrer derzeitigen Inflationsrate begrenzt ist, sondern letztlich an der zäh verteidigten nationalen Währungssouveränität der übrigen EG-Mitglieder scheitert. Bisher vertraute man der Zinspolitik für die Stabilisierung der Wechselkurse. Das hat der Leitzinserhöhung der Bundesbank vom Juli 1992 erhebliche Kritik eingebracht. Wie zuverlässig wirkt aber die Zinspolitik? Solange an unveränderten Wechselkursen festgehalten wird, die angepaßt werden müßten, konvergiert das Wechselkursrisiko gegen Null; es bleibt nur das Zinsrisiko. Wird dann zur Bekämpfung des Preisauftriebes oder einer defizitären Leistungsbilanz das nationale Zinsniveau angehoben, so lockt der Zinsanstieg Auslandsgeld an. Daraus resultiert ein Aufwertungstrend der betreffenden Währung – in diesem Fall der DM –, der ihrem bestehenden Wechselkurs zuwiderläuft. Dem, was die Zinspolitik bewirken soll, stehen somit verselbständigte, güterwirtschaftlich ungebundene Finanztransaktionen durch deren Globalisierung entgegen. Demzufolge ist die Zinspolitik selbst in ihrem ausschließlichen Einsatz für die Wechselkursstabilisierung überfordert. Der Grund ist, daß sich viele EG-Mitglieder (vor allem Großbritannien und Italien, aber auch Spanien und Portugal, von Griechenland ganz zu schweigen) dem Anpassungsdruck zur Verminderung ihrer Inflationsraten widersetzen. Sie fallen in ihre alten Fehler zurück, indem sie ihre Vorliebe für eine laxe Geldpolitik und einen expansiven Personalhaushalt zur fragwürdigen Ankurbelung der Wirtschaft neu entdecken.

Demzufolge ist es mit der Ankerfunktion der DM nicht weit
her. Zwölf Finanzminister sind gegen die Versuchung nicht gefeit,
zusätzliche Staatsausgaben zur Verbesserung der Beschäftigung
einzusetzen; sie übersehen, daß damit neue Probleme geschaffen
werden, ohne die bestehenden zu lösen. Eine Geldpolitik, die die
Haushaltspolitik monetär alimentiert, weil sie der Einflußnahme
amtierender Politiker und der Rechenschaftslegung gegenüber
parlamentarischen Gremien unterliegt, steht in eklatantem Widerspruch zur erforderlichen Unabhängigkeit jeder Notenbank. Sie
wird mit dem Bedarf an Makropolitik im Sinne globaler Nach-
fragesteuerung zu begründen versucht. Doch monetäre Vollbe-
schäftigungsaktivitäten erweisen sich aller Erfahrung nach als
Lohnsteigerungs- und Überwälzungsgarantie in einem.[8] Als Folge
dieser Politik tritt dann eine hartnäckige Inflation ein, die alsbald
durch eine Anti-Inflationspolitik wieder abgebaut werden müßte.
Solche *stop and go*-Politik bringt letztlich keine Erhöhung des
Beschäftigungsniveaus, weil sie die Kosten-Erlös-Relation der
Unternehmen nicht verbessert, sondern ständig in der einen oder
anderen Richtung verändert. Dieser Hickhack verunsichert die
Wirtschaftseinheiten und veranlaßt Unternehmen wie Haushalte
zu zurückhaltenden Dispositionen.
    Bedeutsamer ist, daß die Bevölkerung inzwischen gelernt hat,
sich vor der Inflation zu schützen; wie in anderen westlichen
Staaten, so unterläuft sie auch in der Bundesrepublik die Nomi-
nalwertrechnung Mark = Mark und macht sich statt dessen die
Realwertrechnung zu eigen, indem sie die erwartete Inflationsrate
wie die durch die Progression verursachte „heimliche" Steuer-
erhöhung antizipiert und – zum Ausgleich – ihre Einkommens-
forderung entsprechend aufstockt: Sie verliert die Geld- und Ab-
gabenillusion, wie Nationalökonomen zu sagen pflegen. Dadurch
sehen sich viele Unternehmen mit einem Vorlauf an betrieblichen
Personal- und öffentlichen Sozialkosten konfrontiert, die zur Vermeidung *erwarteter* Realeinkommenseinbußen überhöht sind
und über die Preise nicht mehr hereingeholt werden können.
Somit induziert das inflationsbewußte Verhalten der Bevölkerung eine wirtschaftliche Stagnation trotz weiterhin bestehender
Inflation, die sog. Stagflation. Erst wenn es gelingt, die negative
Kosten-Erlös-Relation vieler Unternehmen abzubauen, so daß die

Kosten durch die Erlöse wieder hereingeholt werden, kann die hartnäckige Stagflation überwunden werden. Solange bleibt auch die Arbeitslosigkeit unauflösbar.

Viele Länder folgen derzeit wieder einem vermeintlichen Handlungsbedarf zur Ankurbelung ihrer Wirtschaft. Der angebliche Bedarf an makroökonomischer Politik zur Steuerung der gesamtwirtschaftlichen Nachfrage erweist sich jedoch als eine Illusion. Dennoch lassen sich amtierende Politiker schwerlich von diesem Irrweg abbringen. Sie haben die Keynessche Botschaft, die ewige Vollbeschäftigung durch eine großzügige Geld- und Haushaltspolitik verhieß, begierig aufgegriffen – war sie doch ebenso einfach wie einleuchtend und nahm ihnen überdies das schlechte Gewissen, das sie früher beim Geldausgeben plagte. Politisch massive Kräfte verschiedener Couleur wollen sich zukünftig von der Geld- und Haushaltspolitik nicht ausschließen lassen, sondern in deren Entscheidungen institutionell eingebunden sein. Sie verlangen die Demokratisierung der Geldpolitik. Das ist auch aus dem Maastrichter Vertrag für den Beitritt zur Einheitswährung in der dritten Stufe herauszulesen. Dort sind folgende Konvergenzkriterien – wenngleich keine absoluten, sondern nur relative – beschlossen worden. So darf

- die Inflationsrate jedes EG-Mitglieds nur um 1,5 v. H. über der der drei stabilsten Währungen liegen,
- die öffentliche Gesamtverschuldung 60 v. H. des Bruttoinlandsproduktes nicht überschreiten,
- die jährliche Neuverschuldung der öffentlichen Hand 3 v. H. des Bruttoinlandsproduktes nicht übersteigen,
- das nationale Zinsniveau nicht höher als 2 v. H. über dem der drei stabilsten Länder liegen,
- die Bandbreite bestehender Wechselkurse in den letzten zwei Jahren nicht überschritten worden sein.

Sollten diese Kriterien tatsächlich Bestand haben und bei politischem Bedarf nicht weiter verwässert werden, so erweisen sich insbesondere

- der Stabilitätsabstand der Weichwährungs- zu den Hartwährungsländern,
- die Verschuldungsgrenze von 60 v. H. des Bruttoinlandsproduktes

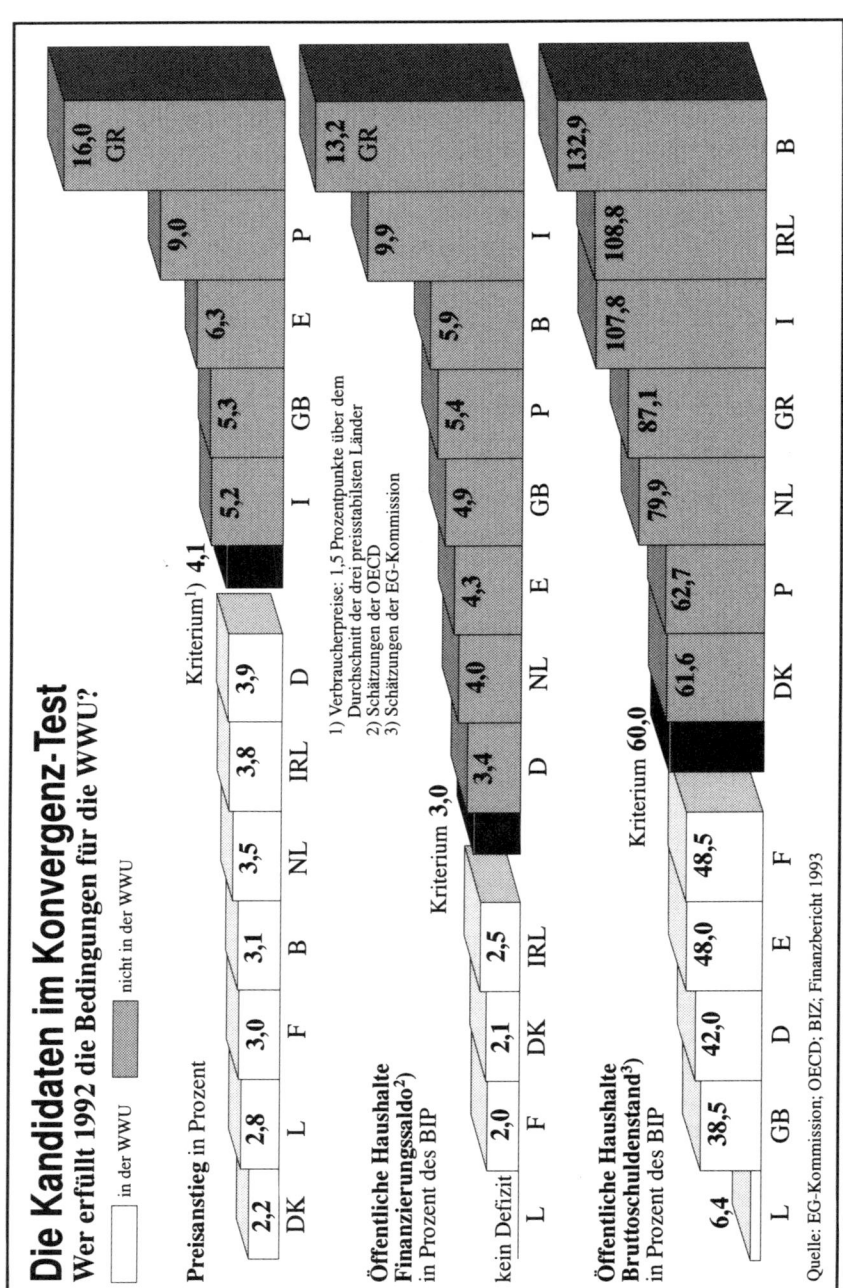

Die Kandidaten im Konvergenz-Test
Wer erfüllte 1992 die Bedingungen für die WWU?

in der WWU   nicht in der WWU

Preisanstieg in Prozent

Kriterium¹⁾ 4,1

DK	L	F	B	NL	IRL	D	I	GB	E	P	GR
2,2	2,8	3,0	3,1	3,5	3,8	3,9	5,2	5,3	6,3	9,0	16,0

1) Verbraucherpreise: 1,5 Prozentpunkte über dem Durchschnitt der drei preisstabilsten Länder
2) Schätzungen der OECD
3) Schätzungen der EG-Kommission

Öffentliche Haushalte Finanzierungssaldo²⁾ in Prozent des BIP

Kriterium 3,0

L	F	DK	IRL	D	NL	E	GB	P	B	GR
2,0	2,1	2,5	3,4	4,0	4,3	4,9	5,4	5,9	9,9	13,2

kein Defizit

Öffentliche Haushalte Bruttoschuldenstand³⁾ in Prozent des BIP

Kriterium 60,0

L	GB	D	E	F	DK	P	NL	GR	I	IRL	B
6,4	38,5	42,0	48,0	48,5	61,6	62,7	79,9	87,1	107,8	108,8	132,9

Quelle: EG-Kommission; OECD; BIZ; Finanzbericht 1993

Entnommen aus: Positionen, Nr. 35, November 1992,
hrsg. vom Institut der deutschen Wirtschaft, Köln.

als kaum überwindbare Barrieren. Der Abbau von derzeit annähernd zweistelligen Inflationsraten und mehr, die eher wieder steigen als fallen dürften, wird ohne fundamentale Reformen nationaler Notenbankverfassungen – begleitet von erheblichen Stabilisierungsopfern – nicht gelingen. Doch nur Frankreich ist derzeit bereit, seiner Notenbank den Autonomiestatus zu verleihen. Und wie sollen hochverschuldete Länder – wie Italien und Irland, vor allem aber Belgien – ihre Schuldenquote bis Ende 1996 bzw. 1998 auf das zulässige Maß reduzieren? Angesichts der dazu erforderlichen realen Wachstumsraten, die völlig utopisch sind, wird bereits jetzt intern diskutiert, nur auf die Einhaltung der 3 v. H.-Quote in der Neuverschuldung zu bestehen und auf die Verschuldungsgrenze von 60 v. H. des Bruttoinlandsproduktes zu verzichten.

Über die Erfüllung der Konvergenzkriterien entscheidet zu gegebener Zeit der Ministerrat mit qualifizierter Mehrheit. Somit kommt es entscheidend darauf an, ob sich eine Stabilitätsfraktion, die zumindest eine Sperrminorität zuwege bringt, herausbildet. In diesem Fall dürfte es eine Währungsunion mit „zwei (oder mehr) Geschwindigkeiten" geben. Somit wäre eine Differenzierung zwischen Kernmitgliedern, die aufgrund ihrer monetären Stabilität schon heute eine Währungsunion bilden könnten, und Peripherieländern, die die Beitrittserfordernisse auf absehbare Zeit nicht erfüllen und vorerst beiseite stehen müssen, realistischerweise ins Auge zu fassen.

V. Währungswettbewerb statt Einheitswährung

Fragt man sich, was die Demokratisierung der Geldpolitik im Sinne einer Ex-ante-Koordination unter den zwölf EG-Mitgliedern angesichts der Währungsturbulenzen im September 1992 gebracht hätte, dann wäre die Bundesbank in den inflationären Geleitzug ihrer Partner gezwungen worden. Eine deutliche EG-Mehrheit hätte sie zu niedrigeren Zinsen und damit zu mehr Inflation verdonnert.

Der entscheidende Punkt ist, daß jede demokratische Ex-ante-, durch Mehrheitsentscheidung herbeigeführte Koordination von mehr oder weniger abhängigen Notenbankpräsidenten keine Gewähr für die Preisniveaustabilität bietet. Weder die Geld- noch die Haushaltspolitik eignen sich für einen politischen Kompromiß zwischen divergierenden nationalen Interessen.

Statt dessen sollte man in der zweiten Stufe, d. h. während der Übergangszeit bis zur etwaigen Einheitswährung auf die marktwirtschaftliche Lösung setzen, die sich schon bisher – wenngleich nicht allgemein begrüßt – herausgebildet hat, nämlich auf den Wettbewerb unter den EG-Währungen. *Währungswettbewerb* müßte die Devise lauten. Dazu bedarf es keiner irgendwie gearteten Gemeinschaftsinstitution mit Entscheidungsvollmacht. Vielmehr wird sich im Zeitablauf die stabilste Währung durchsetzen, die bei anpassungsfähigen Wechselkursen die schwächeren EG-Währungen verdrängen und zur europäischen Einheitswährung heranreifen wird. Nach bisheriger Erfahrung wird das wohl die DM sein, es wäre also eine DM-Union zu erwarten – braucht es aber nicht; auch andere Währungen können den gleichen Härtegrad erreichen und sich als überlebensfähig erweisen. Da der Härtegrad einer Währung nicht ausschließlich von der Geld-, sondern auch von der Haushaltspolitik bestimmt wird, hängt es auch von dieser ab, wie sich eine Währung auf Dauer bewährt.

Die übrigen EG-Mitglieder werden das nicht hinnehmen wollen, weil sie einen Verlust ihrer wirtschaftspolitischen Autonomie befürchten. Das wird jedoch zu einseitig gesehen, denn jede institutionelle Lösung – wie die Gründung des EWI zur Abstimmung der nationalen Geldpolitiken in der zweiten Stufe – bedeutet bereits eine keineswegs unbedeutende Einschränkung nationaler Währungsautonomie. Ob das günstiger zu beurteilen ist als die freiwillige Anpassung an eine dominante Währung, mag dahingestellt sein.

Die Frage nach den Risiken und Chancen der Währungsunion ist unter ökonomischen Gesichtspunkten dahingehend zu beantworten, daß die Risiken sehr viel konkreter – vergleichbar dem Spatz in der Hand – als die Chancen sind, die der Taube auf dem Dach entsprechen dürften.

Anmerkungen

1 Vgl. *U. van Suntum,* Finanzpolitik in der Ära Stoltenberg, Kredit und Kapital 23 (1990), S. 251ff.

2 *H. Besters,* Arbeitslosigkeit, Weltwirtschaft und Konjunktur, Hamburger Jahrbuch für Wirtschafts- und Gesellschaftspolitik 13 (1986), S. 117ff., hier S. 124.

3 *H. Besters/L. Gleske,* Zur Diskussion um eine Europäische Währungsunion, in: *R. Wildenmann* (Hrsg.), Staatswerdung Europas?, Baden-Baden 1991, S. 199ff., hier S. 206.

4 Vgl. *Deutsche Bundesbank,* Monatsberichte, Januar 1993, S. 19ff.

5 *F. Steinkühler,* Der Inflationsbekämpfung wurde das Beschäftigungsziel zum Opfer gebracht, Handelsblatt v. 8./9. August 1992, S. 4.

6 *Deutscher Bundestag,* Europäische Währungsunion. Delors-Bericht, Wissenschaftliche Dienste Nr. 104, Bonn 1989, Ziff. 24.

7 Europäische Zentralbank als Befehlsempfänger der Politik. Wie sich F. Mitterrand eine gemeinsame Geldpolitik in Europa vorstellt, FAZ v. 11. September 1992, S. 13.

8 *H. Sanmann,* Vollbeschäftigung, Inflation und Arbeitsmarkt, in: *H. Körner/ P. Meyer-Dohm / E.Tuchtfeldt / Ch. Uhlig* (Hrsg.), Wirtschaftspolitik – Wissenschaft und politische Aufgabe, Festschrift für K. Schiller, Bern–Stuttgart 1976, S. 319ff., hier S. 325.

THEODOR STROHM

Verantwortung für ein soziales Europa

Sozialethische Perspektiven im Anschluß an die „Europa-Denkschrift" der EKD

Der Rat der EKD hat Anfang 1992 die von der Sozialkammer erarbeitete Denkschrift „Verantwortung für ein soziales Europa" veröffentlicht.[1] Inzwischen sind Übersetzungen in englischer und französischer Sprache angefertigt worden. Voraus gingen intensive Gespräche innerhalb der Kirche; mit den Verantwortlichen in Brüssel; mit den Sozialpartnern und mit den politischen Kräften in Bonn. Wir haben uns um einen ersten vorlaufenden, aber auch vorläufigen Konsens bemüht und Perspektiven aufgezeigt. Es ist kein lehramtliches Dokument, sondern eine Basis für die weitere gemeinsame Arbeit am Thema. Es war die letzte Denkschrift der „alten" Sozialkammer, wir wissen, daß alle neu zu bearbeitenden Fragen in Zukunft nur unter europäischen, internationalen Vorzeichen behandelt werden können.

Auch in meiner Eigenschaft als Direktor des Diakoniewissenschaftlichen Instituts an der Universität Heidelberg ist der Europäische Einigungsprozeß ein Schwerpunkt unserer Forschungs- und Studienarbeit. Wir haben verschiedene europabezogene Studienseminare in Heidelberg und Skandinavien durchgeführt und u. a. die sog. Diakonie-Ostsee-Konferenz mit allen Ostseeanrainer-Kirchen ins Leben gerufen. In Tallinn/Estland fand kürzlich (Herbst 1992) die zweite Konferenz dieser Initiative statt. Hier geht es in besonderer Weise um die solidarische Verantwortung der reichen (nord)westlichen und der wirtschaftlich um eine neue Zukunft ringenden östlichen Staaten, den baltischen Staaten, Polen und auch Rußland. In konkretem diakonischem Tun sehen wir eine besondere Chance, konfessionelle Trennungslinien produktiv zu überwinden. Unter dem Rahmenthema „Die diakonisch-soziale Verantwortung der Kirchen im europäischen

Einigungsprozeß" führen wir in unserem Institut ein zweiteiliges Forschungsprogramm durch, an dem Experten aus den europäischen Organen in Brüssel, Straßburg und Genf mitwirken, um die politischen und sozialen Rahmenbedingungen für die Zusammenarbeit der Kirchen zu untersuchen. Ziel dieser Hauptstudie ist es, die karitativ-sozialen Überlieferungen der Kirchen zu entdecken und einen gemeinsamen Lern- und Arbeitsprozeß in der sozialen Dimension Europas einzuleiten.[2]

Diese kurzen Vorbemerkungen sollten deutlich machen, aus welchem Interesse und mit welchen Erfahrungen ich die folgenden Überlegungen vortrage. In zehn kurzen thetischen Gedankengängen möchte ich zur Diskussion und durchaus auch zum Widerspruch herausfordern.

I. Die Ausgangslage

Im Blick auf die Zukunft Europas wird gegenwärtig die Ambivalenz eines – nach dem Zusammenbruch des sowjetischen Imperiums – entstandenen Zwischenstadiums augenfällig. Ein zunehmend zersplitterter und wirtschaftlich total ruinierter Osten bzw. Südosten steht einem zunehmend geeinten Westen bzw. Norden gegenüber. Dieser Westen ist aber noch nicht hinreichend gefestigt, um in einem großangelegten Wiederaufbauprogramm nach Art des Marshallplanes, die wirtschaftliche, soziale und politische Einigung des größeren Europas wirklich zeitgemäß und in vollem Einvernehmen aller beteiligten Staaten voranzutreiben zu können. So bleibt einstweilen die Gefahr schwerer, revolutionärer Krisen und Bürgerkriege in Europa bestehen, was zur festungsartigen Abschottung Westeuropas führen kann, worauf die deutschen und westeuropäischen Asylregelungen – im Zusammenhang mit der Europäisierung des Asylrechts nach den Beschlüssen von Maastricht, der Dubliner Konvention von 1990 und dem Abkommen von Schengen – bereits hinzudeuten scheinen.

Aber auch innerhalb des westeuropäischen Einigungsprozesses ist die Lage nach Maastricht widersprüchlich.[3] Zwar ist durch den Vertrag von Maastricht die europäische Integration an einer Schwelle angelangt. In dieser Lage Europas im Angesicht der

Jahrtausendschwelle fürchten viele, der Höhepunkt der Integration sei bereits überschritten. Die Dänen erhalten für ihre Zustimmung zum Vertrag Sonderrechte in politischer, militärischer, währungspolitischer Hinsicht, auf die sich gewiß auch andere beitrittswillige Staaten wie die Schweiz, Schweden und Norwegen berufen werden. Noch gravierender aber ist die Sonderstellung, die Großbritannien eingeräumt werden mußte. Die Entscheidung der Staats- und Regierungschefs auf dem Maastrichter EG-Gipfel, auch ohne Großbritannien eine gemeinsame Sozialpolitik zu betreiben, gibt zwar Anlaß zu der Hoffnung, daß die Ende 1989 von elf der zwölf Mitgliedstaaten unterzeichnete „Gemeinschafts-Charta der sozialen Grundrechte der Arbeitnehmer" nicht nur Makulatur bleiben wird. In Maastricht haben elf der zwölf Mitgliedstaaten beschlossen, an der Verwirklichung der sozialen Dimension des europäischen Binnenmarktes auch gegen den Widerstand von britischer Seite weiterzuarbeiten. Im sozialen Bereich wurde Großbritannien – ähnlich wie bei der Verwirklichung der Währungsunion – eine Freistellungsklausel eingeräumt. Großbritannien braucht die von elf Mitgliedstaaten im Alleingang verabschiedeten Gesetzesregelungen also vorerst nicht anzuerkennen. Gegen diese Konstruktion, einen Mitgliedstaat vorläufig aus der Verbindlichkeit gemeinschaftlicher Entscheidungen zu entlassen, sind allerdings inzwischen gemeinschaftsrechtliche Bedenken laut geworden. Dabei wird an die kürzlich erfolgte ablehnende Stellungnahme des Europäischen Gerichtshofes (EuGH) zu einzelnen Bestimmungen des Übereinkommens über einen Europäischen Wirtschaftsraum (EWR) erinnert.

Trotz einiger Fortschritte in den Ministerratsbeschlüssen von Anfang Dezember 1991 tut sich die Gemeinschaft bei der Verwirklichung des sozialen Europa nach wie vor schwer. Bis zur Jahreswende hatte die EG-Kommission Vorschläge für sämtliche 47 Maßnahmen, die sie Ende 1989 in ihrem Aktionsprogramm zur Anwendung der Gemeinschaftscharta angekündigt hatte, vorgelegt. Nur ein Teil davon wird jedoch fristgerecht in Kraft treten können, da für die meisten Entscheidungen ein einstimmiges Votum des EG-Ministerrats erforderlich ist. Großbritannien weigert sich aber generell, einer Erweiterung der Zuständigkeiten der Gemeinschaft für soziale Fragen zuzustimmen.

Der am 10. Dezember 1991 grundsätzlich verabschiedete Unionsvertrag umschreibt das Fernziel eines Europäischen Bundesstaates als „eine neue Stufe der Verwirklichung einer immer engeren Union zwischen den Völkern Europas, in der die Entscheidungen möglichst nahe bei den Bürgern getroffen werden". Neben die bisherige Gemeinschaft treten im Unionsvertrag die gemeinsame Außen- und Sicherheitspolitik sowie langfristig die Entwicklung einer gemeinsamen Verteidigung und spätestens bis 1999 die Währungsunion. Hinzu kommen die Ausweitung der Gemeinschaftszuständigkeit auf neue Bereiche wie Kultur, Bildung, Berufsbildung und Gesundheit. Schließlich werden dem Europäischen Parlament gewisse zusätzliche Mitentscheidungsrechte in durchaus wichtigen Punkten der Europäischen Union eingeräumt. Aber das Thema „Europäische Sozialpolitik" wurde weitgehend ausgeklammert. Damit erhalten die Befürchtungen neue Nahrung, daß die Europäische Union strukturell eine Entwicklung nachvollzieht, die in den Vereinigten Staaten von Amerika auch so verlaufen ist. Die „ökonomische Bürgerschaft" wird durch die „Verwirklichung des freien Austausches von Kapital, Waren, Dienstleistungen, Personen", die im EG-Binnenmarkt verwirklicht werden, stark hervorgehoben, die „soziale Bürgerschaft" hingegen stark in den Hintergrund gerückt. Anders als in den USA wird im europäischen Einigungsprozeß auch die „politische Bürgerschaft" eher unterbewertet und auf die lange Bank geschoben, während in den USA sich, wie wir wissen, „gemeinsamer Markt" auf der einen Seite und „politische Union" historisch in einem Schritt vollzogen haben. Aber bis heute ist in Amerika die „soziale Dimension" ein heiß umstrittenes Feld und noch immer mit hohen Defiziten behaftet. Die Hoffnung, die viele auf den historischen Gipfel von Maastricht gesetzt haben, daß die seit langem, nicht zuletzt vom Europäischen Parlament geforderte Synthese von zivilen, politischen und sozialen Rechten gelingen könnte, hat sich bisher noch nicht erfüllt.[4]

In dieser Situation hat die Evangelische Kirche die Denkschrift „Verantwortung für ein soziales Europa" herausgebracht als eine Basis der Verständigung, der Konsensbildung. Trotz einer breit gestreuten Interessenlage im Vorfeld der Ausarbeitung ist es gelungen, so etwas wie eine Vision, eine konkrete Utopie für die

Ausgestaltung einer solidarischen Sozialordnung in Europa zu entwerfen. Diese hat im Jahr der Vollendung des EG-Binnenmarktes gerade durch die Ambivalenz der Ausgangssituation an Dringlichkeit und Aktualität noch hinzugewonnen, geht es im letzten Jahrzehnt des Jahrtausends doch darum, allen Schwierigkeiten zum Trotz die ethisch und theoretisch vorgezeichnete Aufgabe der humanen, lebensförderlichen Gestaltung der Binnenstrukturen des Kontinents und seiner verantwortlichen Einbindung in die Strukturen der Einen Welt zu erfüllen. Daß den europäischen Kirchen hier eine verbindliche Rolle – vielleicht sogar eine Schlüsselrolle – zukommt, wird in dieser Denkschrift hervorgehoben. Die Evangelische Kirche betrachtet den mit der Gründung der Europäischen Gemeinschaft in Gang gesetzten Prozeß der Einigung, der mit den Verträgen zur Schaffung eines einheitlichen europäischen Binnenmarktes bis Ende 1992 ein neues wichtiges Teilziel erreichen wird, als unumkehrbar. Sie setzt sich mit Entschiedenheit dafür ein, der notwendigen wirtschaftlichen Integration eine ausgewogene Sozialordnung folgen zu lassen und Europa offen zu halten für die ost- und südosteuropäischen Länder. „Niemals können Tendenzen mitgetragen werden, die zu einer Abschottung eines EG-Binnenmarktes führen und neue Schranken, Grenzen oder gar Mauern in und um Europa herum begünstigen. Das ‚Europäische Haus‘ darf nicht zu einer ‚Festung Europa‘ werden. Die Europäische Gemeinschaft sollte die Erweiterung des Binnenmarktes durch Formen der Assoziierung und Integration der ost- und nordeuropäischen Staaten zügig verfolgen“ (Abs. 125). Die Denkschrift unterstützt deshalb ausdrücklich die Bestrebungen des Europäischen Parlaments, auf einen größeren europäischen Sozialraum unter Einschluß dieser Nachbarstaaten hinzuwirken.

II. Die Frage nach einer tragfähigen Vision für Europa

Der Vertrag von Maastricht will, wie wir gesehen haben, den Prozeß der europäischen Integration auf eine neue Stufe heben, die aus der Europäischen Union mehr macht als eine „zwischenstaatliche Einrichtung“ im Sinne von Art. 24 Grundgesetz und auf der es nicht mehr nur um die Übertragung einzelner „Hoheitsrechte" geht. Klaus Stern, einer der führenden Staatsrechtler der Bundesrepublik, hat in seiner Stellungnahme für die Gemeinsame Verfassungskommission eindrucksvoll belegt, daß die Europäische Union quantitativ und qualitativ über die bisherige Supranationalität hinausreicht und Kernbereiche bisheriger nationaler Souveränität umfaßt. Diese Strukturen werden nun mit einem Vertrag ohne Kündigungsklausel endgültig festgeschrieben. Zudem verlagert die im Vertrag bereits verbindlich geregelte Einführung einer einheitlichen europäischen Währung nicht nur einen zentralen Bereich der bislang nationalen Souveränität auf die Europäische Union und löst so politische Folgezwänge aus, die zu einer Europäisierung der gesamten Finanz-, Wirtschafts- und Sozialpolitik führen müssen – wenn anders nicht die Währungsunion zerbrechen soll. Sind aber die nationalen Währungen erst abgeschafft, wird der faktisch-politische Druck auf die Herbeiführung einer umfassenden politischen Union unwiderstehlich werden.[5]

Dies entspricht im übrigen der Logik des Vertrages von Maastricht, der auf eine immer weitergehende Integration angelegt ist. So sieht dies auch die Bundesregierung, die die Unumkehrbarkeit dieses Prozesses als ihre Leistung hervorhebt. Kommissionspräsident Delors hat in diesem Zusammenhang von der „Stunde der Wahrheit" gesprochen. Letztlich geht es darum, die Bruchstellen zu überwinden zwischen dem britischen Mißverständnis der EG als besserer Freihandelszone, der Treuhänderschaft der sechs (oder jetzt nur noch fünf) Gründungsmitglieder für die ursprüngliche supranationale Idee und dem Interesse der südlichen Mitglieder an einem wirtschaftlichen und sozialen Anschluß. Nur ein sehr langer Atem und eine Anwaltschaft für eine substantielle Einigung – für die die Kirchen Europas erst noch zu gewinnen sind – werden ans Ziel führen. Ein wichtiger Schritt dahin ist der „Bericht der EG-Kommission zu den Kriterien und Bedingungen für den Beitritt neuer Staaten zur Gemeinschaft" vom 3. Juli 1992.[6] Dies betrifft vor allem die osteuropäischen Nachbarstaaten. Es wird klargemacht, daß drei Bedingungen zu erfüllen sind: 1. eine europäische Identität, wobei darauf hingewiesen wird, daß zur Gewinnung dieser Identität geographische, historische und kulturelle Elemente beitragen; 2. die Verwirklichung einer demokratischen Staatsform und 3. die Achtung der Menschenrechte. Neben diesen Kriterien wird eine zweite Gruppe von Aufnahmekriterien genannt. Mit fortschreitender Integration wurde es zunehmend schwerer, die mit der Mitgliedschaft verbundenen Auflagen zu erfüllen. Voraussetzungen sind eine gut funktionierende und wettbewerbsfähige Marktwirtschaft sowie ein angemessener Rechts- und Verwaltungsrahmen im öffentlichen und privaten Sektor. Ein Bewerberland, das diese Voraussetzungen nicht mitbringt, könnte nicht wirklich integriert werden; die Mitgliedschaft wäre der Wirtschaft eines solchen Landes eher abträglich und würde das „Funktionieren der Gemeinschaftsmechanismen" stören.

Bewerberländer sollten ferner bereit und fähig sein, die gemeinsame Außen- und Sicherheitspolitik, die sich in den kommenden Jahren entwickeln wird, zu akzeptieren und umzusetzen. Ein Bewerberland, das aufgrund seines verfassungsmäßigen Status oder seines Gebarens im Bereich der internationalen Beziehungen unfähig ist, an dem von den derzeitigen Mitgliedern beschlossenen Projekt mitzuwirken, könnte nicht zufriedenstellend in die Union eingegliedert werden. Im Falle einer Erweiterung müsse in diesem Punkt jede Zweideutigkeit und jedes Mißverständnis vermieden werden. Schließlich wird natürlich verlangt, den „Besitzstand" an Verträgen, Rechtsprechung und Abkommen zu übernehmen. Damit ist aber auch klar, daß nach dem eher unproblematischen Beitrittsprozeß der EFTA-Staaten auch der Beitrittsprozeß der osteuropäischen Nachbarstaaten – Polen, Ungarn, Slowakei und Tschechien –, dann der sog. baltischen Staaten, schließlich der restlichen europäischen Nachfolgestaaten des Sowjetimperiums bevorstehen wird, zunächst in Assoziierungsabkommen, dann eines Tages in der Mitgliedschaft. Es war meine Absicht, deutlich zu machen, daß die Europäische Kommission – und hoffentlich auch der Ministerrat – klar den Blick auf das ganze Europa, auf das größere Haus Europa gerichtet hat.

Nicht zu übersehen sind auch die Bemühungen, Zeichen in diese Richtung zu setzen: Ihre 1989 begonnene Soforthilfe für die Staaten der ehemaligen Sowjetunion hat die Europäische Gemeinschaft inzwischen durch längerfristige wirtschaftliche und technische Hilfsmaßnahmen ergänzt. Gegenwärtig schließt sie mit diesen Ländern spezifische Kooperationsabkommen ab, die neben wirtschaftlichen auch politische und kulturelle Bereiche betreffen. Die technische Hilfe der EG erfolgt für die drei baltischen Staaten im Rahmen des PHARE-Programms, für die Mitglieder der Gemeinschaft Unabhängiger Staaten (GUS) im Rahmen des TACIS-Programms. Die neugegründete Europäische Bank für Wiederaufbau und Entwicklung mit Sitz in London soll daneben private Investitionen unterstützen. Das PHARE-Programm umfaßt jetzt (mit Ausnahme der Staaten des ehemaligen Jugoslawien) alle osteuropäischen Länder außerhalb der GUS. Die baltischen Staaten sind Ende 1991 in das PHARE-Programm aufgenommen worden. 1992 stand für das Programm 1 Mrd. ECU (rund 2 Mrd. DM) zur Verfügung. Das 1991 angelaufene TACIS-Programm für die GUS und Georgien sah für 1992 insgesamt 450 Mio. ECU (rund 900 Mio. DM) vor. Das PHARE-Programm umfaßt u. a. eine Förderung des Bildungs- und Ausbildungswesens, des Gesundheitswesens, kleinerer und mittlerer Unternehmungen sowie die Unterstützung beim Aufbau von Einrichtungen der Sozialhilfe, der sozialen Sicherheit und der Arbeitsförderung. Hervorzuheben ist die klare sozialpolitische Zielsetzung, die die ökonomische in sinnvoller Weise ergänzt.

III. Stagnation in der Sozialpolitik nach dem Maastricht-Vertrag?

Wer es mit der europäischen Einigung ernst meint, muß nicht von der These ausgehen, daß die nationalen, kulturellen und sozialen Eigenarten eines jeden Landes zugunsten eines abstrakten Supersystems nivelliert werden müssen. Aber es ist meine These, daß nur eine ausgewogene Entwicklung, in der die ökonomische Bürgerschaft im Einklang mit der Förderung der politischen und sozialen Bürgerschaft zum Tragen kommt, Europa vor neuen schweren Gefährdungen bewahren wird. Diese gewaltige Aufgabe steht vor uns.[7]

Deshalb darf es bei dem häufig bedauerten sozialen Stillstand nach dem Maastricht-Gipfel nicht bleiben. Es ist auch die Frage, ob ein Teil der Europamüdigkeit mit dem Mangel an politischer Mitwirkung der Bürger in den Europa-Organen zusammenhängt. In der EKD-Denkschrift wird festgestellt, wir streben ein Europa der institutionellen Kompetenzen an: „Zur Förderung und Absicherung der sozialen Rechte der Bürger in Europa bedarf es der Stärkung vorhandener und der Schaffung neuer Institutionen. In erster Linie kommt es darauf an, dem Europäischen Parlament die entscheidende Gesetzgebung zur Kontrollkompetenz zu übertragen, durch die es die Gestaltungskraft für die zukünftige Ordnung in Europa gewinnt." (Abs. 127) Und zusätzlich wird von Institutionen gesprochen, um für die Verbesserung der sozialrechtlichen Sicherheit der Arbeitnehmer – bzw. der Bürger – Sorge zu tragen. Es wird der Vorschlag aufgegriffen, einen „Europäischen Rat für Arbeitspolitik" einzusetzen und „Sozialinformationsbüros" an den Grenzen, so daß die Wanderarbeiter oder die Pendler sich jederzeit über ihre Rechte in Europa informieren können und entsprechende Ansprechpartner finden. Es wäre verhängnisvoll für die zukünftige Ordnung Europas, wenn die einzelnen Teile, wie etwa die Ökonomie, einfach verselbständigt und die anderen Elemente nicht hinzugefügt würden, weil dann die Europäische Kommission zwangsläufig zu einer technokratischen Hilfsorganisation für die Verwirklichung wirtschaftlicher Ziele degenerierte.

Ich möchte aber nicht in dem Verdacht stehen, zu behaupten, die Europäische Gemeinschaft hätte nach Maastricht überhaupt nichts zur Sozialpolitik beigetragen. Es sind hier klare Fortschritte auch im Blick auf die Sozialpolitik, nämlich in den Bereichen, in denen das Mehrheitsprinzip existiert, getroffen worden. Und ich darf ein paar Elemente daraus erwähnen: Die derzeitigen Sozialbestimmungen des EWG-Vertrags sind gemeinschaftlicher Besitz. Sie gelten daher für alle Mitgliedstaaten unverändert weiter, also auch für Großbritannien. Die Gemeinschaft kann wie bisher tätig werden im Arbeitsschutz (nach Art. 118a), worüber mit qualifizierter Mehrheit, 54 von 76 gewichteten Stimmen abgestimmt wird, und in sonstigen Bereichen der Sozialpolitik nach Art. 100 (Rechtsangleichung) und/oder Art. 235 (unvorhergesehene Fälle), worüber mit Einstimmigkeit entschieden wird. Auf der Rechtsgrundlage des Art. 118a können die bisherigen bemerkenswerten

Fortschritte im Arbeitsschutz auch in Zukunft fortgesetzt werden. Ferner werden auch zukünftige Fortschritte im individuellen Arbeitsrecht und im sozialen Arbeitsschutz möglich sein. Alle zwölf Mitgliedstaaten sind darüber hinaus in einem „Protokoll über die Sozialpolitik" übereingekommen, daß elf Mitgliedstaaten, also jetzt mit Ausnahme Großbritanniens, „... die Organe, Verfahren und Mechanismen der Europäischen Gemeinschaft in Anspruch nehmen" können, um insbesondere die EG-Sozialcharta von 1989 umzusetzen. Und hierzu haben die elf Mitgliedstaaten in einem dem Protokoll beigefügten Abkommen bestimmt, daß im Sozialbereich eine Reihe von Bestimmungen Anwendung finden soll. Dazu gehört etwa die Frage: Mehrheitsentscheidungen werden auch jetzt möglich zur Regelung der Arbeitsbedingungen, etwa in Fragen Anhörung, Unterrichtung der Arbeitnehmer, Chancengleichheit von Frauen und Männern auf dem Arbeitsmarkt und Gleichberechtigung am Arbeitsplatz und Fragen der beruflichen Eingliederung ausgegrenzter Personen, also Behinderter zum Beispiel. Und dann wird die Neuregelung des „sozialen Dialogs" wichtig. Er stärkt die Rolle der Sozialpartner beträchtlich und gibt ihnen die Möglichkeit, an der sozialen Gestaltung Europas mitzuwirken. Die Kommission konsultiert die Sozialpartner vor der Vorlage von Vorschlägen, außerdem tritt der Europäische Gesetzgeber zurück, wenn die Sozialpartner selbst zu vertraglichen Regelungen kommen wollen. Es gibt also einige Fortschritte auf dem Gebiet der Sozialpolitik in Europa.[8] Aber das führt nun eben zu einigen grundsätzlichen Fragen, die ich in einem der nächsten Punkte ansprechen möchte. Bevor ich das aber tue, will ich jetzt die Frage aufwerfen: Welchen Anteil und welchen Part spielen die Kirchen in Europa? Welche Kraft stellen sie eigentlich dar bei der Verwirklichung dieser Prozesse in Blick etwa auf die Sozialgestaltung Europas?

IV. Zur Verantwortung der Kirchen im europäischen Einigungsprozeß

Es wird häufig darauf hingewiesen, daß ja Europa nicht nur durch seine Nationen gekennzeichnet ist, sondern eben auch durch seine konfessionelle Spaltung. Das ist ein ganz klares Datum. Und im bewußten Gegensatz zur durch die Reformation bewirkten konfessionellen Spaltung Europas hat sich ja ein neues, nun auch emphatisch zu nennendes Europa als Produkt eines Säkularisierungsprozesses, d. h. als ein modernes, rationalvernunftrechtliches Gebilde aus und neben der in Bekenntnissen gespaltenen westlichen Christenheit herausgebildet. Das ist spätestens 1648 deutlich geworden, als im Westfälischen Frieden so etwas wie die Verfassungsurkunde des neuzeitlichen Deutschland entstand und die Staatsräson sich komplementär zum wirtschaftlichen und technologischen Rationalismus entfaltete. Die Wirtschaft war immer der Motor, der diesem vernunftrechtlichen Denken besonders verbunden war. Um 1800 scheint dieser Europäismus bereits den Charakter einer Emanzipation vom Christentum angenommen zu haben, so etwa Heinz Gollwitzer „Zur Wortgeschichte und Sinndeutung von Europa".[9] Dieses Europa wiederum hat sich in Gestalt seiner spezifischen Rationalität mit der dazugehörigen Wissenschaft, Technologie, Ökonomie, aber auch durch Ideologie in die ganze Welt hinaus verlagert und ist in gewisser Weise omnipräsent in der gegenwärtigen Weltwirklichkeit. Und nicht zuletzt die heute überall anzutreffenden Gegenbewegungen gegen das europäische Denken und seine Implikate machen deutlich, in welchem Maße Europa bzw. die Europäer die ganze Welt mit ihren rationalen Systemen überzogen, die Oberflächenstruktur aller Weltteile bestimmt und dabei im guten wie im bösen Maßstäbe gesetzt haben. Man mag diese globale europäische Omnipräsenz angesichts der problematischen Folgen, die man heute überall sehen kann, beklagen, aber man kann sie wohl schwerlich bestreiten.

In diesem Zusammenhang sind auch die Daten zu interpretieren, die gestern vorgetragen wurden und die den Vorteil haben, daß sie eine globale Sicht der Dinge ermöglichen, auch wenn wir sie vielleicht im einzelnen genauer interpretieren müssen. Man wird auch auf Provokationen achten müssen. So hat etwa Peter Scholl-Latour vor kurzem im Fernsehen das derzeitige Christentum mit dem Islam verglichen. Er hat dabei allenfalls bestimmten Strömungen innerhalb der römisch-katholischen Kirche noch einige Bedeutung zuerkannt; dem europäischen Protestantismus attestierte er hingegen, als wirklichkeitsgestaltende Kraft längst irrelevant geworden zu sein. Dieses Urteil verdient deshalb Aufmerksamkeit, weil es die Bedeutungslosigkeit des Protestantismus für das politische Europa darauf zurückführt, daß die europäische evangelische Christenheit als religiöse Kraft erlahmt sei. Daß sie ihren eigenen Glauben nicht mehr ernst nehme, weil sie geistlich-spirituell nichtssagend geworden sei. Deswegen habe sie auch weltlich nichts mehr zu sagen. Das ist die Vorstellung, die sich hinter dieser Kritik verbirgt und die ich durchaus ernst nehme. Es kommt dann auch noch eine zweite kritische Anfrage an alle Konfessionen in Europa hinzu, die vor einiger Zeit der Waldenser Kollege Paolo Ricca vorgetragen hat.[10] Er hat die Frage an den Protestantismus gerichtet: Ist der Protestantismus einheitsfähig oder nicht? Ist er zu ökumenischer Zusammenarbeit befähigt oder nicht? Und er sagt, zwar hat der zeitgenössische Protestantismus verschiedene Einheitsmodelle ausgearbeitet und in die ökumenische Diskussion eingeführt, zum Beispiel das schöne Einheitsmodell der „versöhnten Verschiedenheit“. Er fragt aber: Wo ist das Modell in die Tat umgesetzt worden? Wo ist der Leib der versöhnten Verschiedenheiten im heutigen Protestantismus zu sehen? Ist nicht die evangelische Christenheit der breiten christlichen Ökumene die Verwirklichung dieses Modells schuldig geblieben? Aus diesem ökumenischen Grund ist die Aufgabe der innerprotestantischen Ökumene besonders dringend. Es ist höchste Zeit, daß der Protestantismus zeigt, daß er bereit ist, sich als versöhnte Verschiedenheit nicht nur zu verstehen, sondern auch zu gestalten und zu leben. Die Frage ist allerdings, ob solche ökumenischen Formeln von der „versöhnten Verschiedenheit“ das letzte Wort sein können. Ob nicht eben unter dem Stichwort der Versöhnung auch Modelle der wachsenden Kooperation und der sichtbaren Gemeinsamkeit entwickelt werden müssen.[11]

In diesem Zusammenhang wird in evangelischen Gremien, so z. B. vor kurzem Eberhard Jüngel in Budapest bei einer protestantischen Versammlung der Bischöfe und Kirchenleitungen, dann darauf hingewiesen, das neu entstehende Europa brauche in erster Linie eine Gewissensbildung, allein schon aus dem Grund, damit das werdende Europa nicht nur verwaltet wird, sondern damit an die Stelle bloßer Verwaltung wirkliche Verantwortung treten kann. Es scheint, so wurde in Budapest festgestellt, eine der großen Gefährdungen des neuen Europas zu sein, daß sich durchgehend politische und gesellschaftliche Strukturen bilden, die keine persönliche Verantwortung mehr zulassen oder ertragen. Dem könne nur durch eine Kultur des Gewissens begegnet werden, für die die Gewissensbildung Conditio sine qua non ist. Die evangelischen Kirchen haben dazu vielleicht mehr beizutragen als andere europäische Institutionen. Aber was dieses bedeutet, gewissensbildend zu wirken, vielleicht zu dem Gewissen Europas zu werden, dieses haben wir noch vor uns, das ist noch nicht in einen Common sense der verschiedenen Kirchen übergegangen.[12]

Nun darf ich mit einer ganz konkreten Anfrage auch an die katholische Kirche diese Überlegung beschließen. Mich hat besonders die Dokumentation: „Die europäischen Bischöfe und die Neu-Evangelisierung Europas" interessiert.[13] Dort wird ein Jahrzehnt der Willensbildung dokumentiert. Mit großer Aufmerksamkeit habe ich zwei Dinge entnommen: einmal, man geht sehr sorgfältig der Frage nach: Was heißt denn „Evangelii Nuntiandi", die Evangelisation Europas? Wie wollen wir dieses vernunftrechtliche Europa, das sich als säkularisiertes Europa darstellt, interpretieren, wie können wir damit umgehen? Man spricht von einer Säkularisierung oder einem Säkularismus, der unter keinen Umständen zu akzeptieren ist, und von einer Säkularisierung, die durchaus auch ihre Wurzeln in christlichen Traditionen hat und die wir verstärkt in der Gegenwart zur Geltung bringen können. Darüber wird recht präzise argumentiert. Und dann wird zweitens schon in der einleitenden Studie darauf hingewiesen, daß Evangelii Nuntiandi eben zwei Dinge miteinander verbindet: nämlich Evangelisation bedeutet, aus einer authentischen Verpflichtung, aus dem Auftrag des Evangeliums, wie es bei Christus geschah, zugunsten derer zu handeln, die am meisten in Not sind. Das etwa wurde von den Kardinälen König, Hume und von Kardinal Etchegaray so formuliert. Und dann wird an entscheidender Stelle auch Papst Johannes Paul II. zitiert. Er äußert sich zu der Frage: Welchen Beitrag sollen wir als Kirchen in Europa leisten? Er sagt, wir müssen uns bei der Verkündigung des Evangeliums zugleich den Herausforderungen stellen, die mit der Evangelisierung verbunden sind, „… die Familie, die Jugend, die Armutszonen und die neuen Armen in Europa, die ethnischen und religiösen Minderheiten, die Beziehungen zwischen Europa und der Dritten Welt. Wenn wir an den Glauben und die Heiligkeit der Kirche appellieren, um auf diese Probleme und Herausforderungen zu antworten, so ist das nicht Ausdruck eines Verlangens, die Macht zu ergreifen oder wieder zu ergreifen, sondern es ist der verpflichtende Weg, der bis zu den letzten Ursachen der Herausforderungen und Probleme führt."[14] Ich zweifle nicht an der Ernsthaftigkeit dieser Aussage.

Sie knüpft deutlich an, an die Aussagen des II. Vatikanischen Konzils, durch das die römisch-katholische Kirche ihr eigenes Selbstverständnis in und gegenüber der heutigen Welt neu bestimmte. Sie brachte ihre universale Verbundenheit mit der ganzen Menschheitsfamilie zum Ausdruck: „Freude und Hoffnung, Trauer und Angst der Menschen von heute, besonders der Armen und Bedrängten aller Art, sind auch Freude und Hoffnung, Trauer und Angst der Jünger Christi." So lautet der erste Satz der „Constitutio Pastoralis de Ecclesia in mundo huius temporis". Mit dem Konzil wurde der „Auftrag zum Dienst am Menschen" in einer Weise beschrieben, der die ökumenische Zusammenarbeit im Dienst geradezu herausforderte und auf alle Bereiche menschlichen Lebens ausrichtete.[15] Es gibt viele Katholiken und viele Protestanten, die fürchten, das Erbe dieses Konzils gerate in Vergessenheit. Ich sehe aber – trotz aller Ambivalenz – genügend Anzeichen dafür, dieses Erbe heute anzutreten und es auszubauen. Sind das nicht die Elemente, an denen wir unsere Gespräche, unsere Kooperation anknüpfen können?

Wir haben – wie erwähnt – in Heidelberg ein Forschungsinstitut für Diakoniewissenschaft. Dort haben wir einen europäischen Forschungsaustausch begonnen, an dem nun alle Konfessionen von der russisch-orthodoxen bis zur griechisch-orthodoxen Kirche und eben auch die römisch-katholische Kirche mitwirken. Wir haben es über Kardinal Etchegaray erreicht, daß der Vorsitzende von Caritas Italiana, Msgr. Basini, und als sein Vertreter Msgr. Baronio an unserem Projekt mitarbeiten. Wir beabsichtigen, die einzelnen Konfessionen in Europa einmal auf ihre Formen der Sozialgestaltung, der Diakonie, der Caritas, auf ihre soziale Verantwortung hin aus ihren jeweiligen Traditionen zu befragen, und wollen sodann überlegen, ob wir vielleicht zu einer gemeinsamen neuen Form der Kooperation finden können. Das ist das Ziel dieses Austausches. Mit anderen Worten, es scheinen mir die Zeichen der Zeit doch nicht ungünstig zu sein, um hier auch die Kraft, die in den europäischen Kirchen steckt, wirklich zu aktivieren und zu neuen Formen der Kooperation zu gelangen.

V. Die drei Phasen der sozialpolitischen Entwicklung

Im folgenden will ich kurz die drei Phasen der sozialpolitischen Entwicklung schildern, um die Aufgaben, die gegenwärtig zu behandeln sind, etwas genauer in den Blick zu bekommen. Wir sprechen von drei Phasen der Entwicklung in der Sozialpolitik der Europäischen Gemeinschaft.[16]

1. Was die praktische Sozialpolitik der Gemeinschaft angeht, so wurden in der ersten Phase des Gemeinschaftslebens – etwa bis Anfang der 70er Jahre – sozialpolitische Fragen entsprechend der vorstehend geschilderten „Verfassungslage" nahezu ausschließlich unter ökonomischen Gesichtspunkten behandelt. Sozialpolitik und Sozialrecht blieben im Grundsatz als originäre Aufgaben und Wirkungsbereiche den Mitgliedstaaten vorbehalten. Die Handlungsermächtigungen der Gemeinschaft blieben auf das zur Errichtung und zum Funktionieren des Gemeinsamen Marktes Erforderliche beschränkt. Die vorstehend angesprochenen Gemeinschaftsvorschriften über die soziale Sicherheit der ein- und auswandernden Erwerbstätigen stellen deshalb auch bis heute den Kernbereich des Gemeinschaftssozialrechts dar.

Zwar hat die EG-Kommission den Versuch unternommen, durch den Erlaß einer Reihe von Empfehlungen – z. B. eine Europäische Liste der Berufskrankheiten und die Unterbringung von Wanderarbeitnehmern und ihrer Familien betreffend – eine originäre Gemeinschaftspolitik zu initiieren; doch stießen diese Aktivitäten auf den Widerstand der Mitgliedstaaten, die auf ihrer eigenen Zuständigkeit in diesem Bereich beharrten.

2. In der zweiten Phase des Gemeinschaftslebens, deren Beginn man auf den Anfang der 70er Jahre fixieren kann, kam es politisch zumindest ansatzweise zur Formulierung einer eigenständigen Sozialpolitik und zur Proklamierung des Zieles einer Europäischen Sozialunion. Allerdings blieben auch diese Ansätze zu einer aktiveren europäischen Sozialpolitik bereits frühzeitig in nationalen Egoismen, aber auch in Schwierigkeiten stecken, die aus der Verschlechterung der weltwirtschaftlichen Situation Mitte der 70er Jahre resultierten. Aus diesem Grund wurde das anläßlich des „Pariser Gipfels" 1972 in Auftrag gegebene und 1974 von der EG-Kommission vorgelegte und vom Rat verabschiedete Sozialpolitische Aktionsprogramm auch nur ansatzweise in die Tat umgesetzt. Immerhin hat die Politik der Gemeinschaft zur Bekämpfung der Armut, die mit dem Dritten Armutsprogramm – genauer: Programm der Gemeinschaft zur Stärkung der wirtschaftlichen und sozialen Integration der am wenigsten privilegierten Gruppen – derzeit gleichsam in ihre dritte Runde geht, hier ihren Ausgangspunkt genommen.[17] Am Armutsprogramm läßt sich eine Verfahrensweise illustrieren, die für die EG-Sozialpolitik bis heute charakteristisch ist: Auf Vorschlag der Kommission wird eine Entschließung des Rates verabschiedet, in der die Kommission beauftragt wird, dem Rat zu bestimmten Fragen Vorschläge für gemeinschaftliche Rechtsetzungsakte zu unterbreiten. Im Anschluß an die Herstellung eines einstimmigen politischen Grundkonsenses im Rat kann dann auf Gemeinschaftsebene durch die Kommission die Ausarbeitung von Rechtsakten der Gemeinschaft erfolgen.

3. In der dritten Phase des Gemeinschaftslebens, als die man den Zeitraum seit Mitte der 80er Jahre ansehen kann, hat nach einer Periode der wirtschaftlichen wie politischen Stagnation eine Entwicklung eingesetzt, welche die Integration des Europas der Zwölf ein gutes Stück voranzubringen scheint. Das Aktionsprogramm zur Anwendung der Gemeinschaftscharta der sozialen Grundrechte der Arbeitnehmer kann man als aktuelles und für die

künftige Entwicklung prägendes Beispiel für diese Vorgehens-
weise der Gemeinschaftsorgane in sozialpolitischer Hinsicht be-
trachten.

VI. *Überlegungen zur Zukunft der europäischen Sozialpolitik*

Damit erhebt sich die Frage nach der Zukunft europäischer
Sozialpolitik. Die Diskussion darüber wird in Fachkreisen unter
den Schlagworten „Harmonisierung" oder „Koordination" geführt, gelegentlich wird auch von „Konvergenz" gesprochen. Das
heißt, einer europäischen Sozialpolitik werden diese Zielvorgaben
zugeordnet. Auch die Kirchen können nicht umhin, sich an dieser
Debatte zu beteiligen.

Fest steht, daß seit der ersten großen „Europäischen Konferenz
über die soziale Sicherheit" (1962) die „Möglichkeiten einer
Harmonisierung der Leistungen der sozialen Sicherheit" auf der
Tagesordnung stehen, faktisch aber eine Strategie der „Koordinierung" verfolgt wurde. Das Ziel der Koordinierung war und ist bis
heute, systematisch gleichwertige Regelungen zu finden, d. h.
nach einem regelmäßigen Gesamtvergleich des Grades des für die
gesamten Versicherungszweige oder Risiken gewährten Versiche-
rungsschutzes für jeden Versicherungszweig oder jedes Risiko die
Höhe des in jedem der EG-Staaten gewährten Sicherungsschutzes
schrittweise an die für die Arbeitnehmer günstigste Höhe anzu-
gleichen. Dabei sollten die Gesamtkosten der sozialen Sicherheit
in jedem Land eine ähnliche Höhe enthalten. Daß dieses Ziel bis
heute nicht erreicht wurde, hat der Gipfel von Maastricht erneut
deutlich gemacht. Die wirtschaftlichen Interessen Großbritanniens sind gegenwärtig so ausgeprägt, daß man sich durch das
Sozialgefälle zu den kontinentaleuropäischen EG-Staaten und den
skandinavischen EFTA-Staaten sowie der Schweiz den entscheidenden Wettbewerbsvorteil im Binnenmarkt verspricht. „Wir
werden zum Magnet für Investitionen in Europa werden", stellte
Premierminister John Major nach Maastricht fest. In der Tat
lassen sich Beispiele aufzählen, die die Prognose, England werde
das künftige „Hongkong Europas", stützen.[18]

Aber nicht nur zwischen Großbritannien und den übrigen EG-Staaten zeigen sich grundsätzliche Abweichungen. So schwankt der durchschnittliche Anteil staatlicher Zuweisungen zum Sozialschutz, der geringfügig unter 30 Prozent liegt, je nach Land erheblich: von 80 Prozent (Dänemark), 60 Prozent (Irland), 40 Prozent (Großbritannien) bis unter 20 Prozent (Niederlande, Frankreich und Griechenland). Die Polarisierung wird sich nach dem zu erwartenden Beitritt der übrigen skandinavischen Länder, die ohnehin ab 1993 mit der EG und den EFTA-Staaten einen gemeinsamen Wirtschaftsraum bilden, noch weiter verschärfen. Auch im Bereich der Arbeitslosigkeit, die in der EG 1991 saisonbereinigt 8,7 Prozent betrug, zeigen sich erhebliche Ausschläge in einzelnen Mitgliedsländern. So liegt die EG-Durchschnittsquote für jugendliche Arbeitslose bei 16,6 Prozent im Jahr 1991. Extreme Werte aber weisen im Jahresdurchschnitt 1990 auf: Spanien 31,9 Prozent, Italien 29,2 Prozent, Griechenland 24,8 Prozent und Irland 21,6 Prozent. In Schweden hingegen konnte durch eine konsequente Sozialpolitik der Vollbeschäftigung die Quote der Arbeitslosen über Jahre hindurch bei +/– 2 Prozent niedrig gehalten werden. Diese statistischen Daten sind Symptome für tieferliegende Strukturunterschiede, die erst allmählich in komparativen Untersuchungen wissenschaftlich bearbeitet werden.[19]

Trotz dieser – durch den Zusammenbruch der ost- und südosteuropäischen Sicherungssysteme noch verstärkten – Problemlage herrscht unter Fachleuten Einigkeit, daß die mit den Schlagworten „Koordinierung statt Harmonisierung" artikulierte gegenwärtige Stabilität der nationalen Systeme sozialer Sicherung und Versorgung auf Dauer keinen Bestand haben wird. „Mittel- und längerfristig wird der fortschreitende Einigungsprozeß in Europa auch den Sozialbereich im eigentlichen Sinn erfassen."[20] Der deutsche Vertreter im Europäischen Gerichtshof, Prof. M. Zuleeg, hat in seinem Eröffnungsreferat beim Deutschen Fürsorgetag 1990 in Hannover durchaus den Common sense des EuGH zum Ausdruck gebracht, wenn er die anwesenden Sozialexperten dazu aufrief, einer durch nichts zu rechtfertigenden „Harmonisierung nach unten" entgegenzuwirken und sich für eine Politik der Harmonisierung durch Anhebung des Niveaus der sozialen Leistungen einzusetzen. „Je enger der Zusammenschluß Europas wird, desto stärker muß das Bindeglied zwischen den Bürgern der Gemeinschaft oder gar einer politischen Union sein, sonst wäre dem Einigungswerk keine Dauer beschieden. Die Zukunft Europas ist so eng mit dem Wachstum einer Europäischen Sozialgemeinschaft verknüpft."[21]

Um diesem Ziel schrittweise näherzukommen, verdienen die Zielsetzungen der EG-Kommission, die im Frühjahr 1992 dem Ministerrat zur Verabschiedung vorgelegt wurden, Unterstützung. Hier geht es um die „Gewährleistung eines annehmbaren Mindestlebensstandards" für alle auf dem Hoheitsgebiet eines Mitgliedstaates ansässigen Personen; um eine Krankenversicherung bzw. Versorgung, ungeachtet der jeweiligen Leistungsfähigkeit der Betroffenen; berufliche und soziale Integration für alle, die gegen Entgelt eine Tätigkeit ausüben können; Sicherung eines Alters in Würde, in dem der Lebensstandard der Arbeitnehmer und ihrer Familien nicht erheblich verringert und insbesondere Arbeitsunterbrechungen wegen Krankheit, Mutterschaft, Arbeitslosigkeit etc. durch entsprechende Anpassungsregelungen ausgeglichen werden. Außerdem werden die Prinzipien der Gleichbehandlung, der Verteilungsgerechtigkeit (Renten- bzw. Sozialhilfeanpassungen), der Individualisierung der Rechte und Beiträge (schrittweiser Abbau abgeleiteter Rechte) einem künftigen europäischen Sicherungssystem zugrunde gelegt. Gerade der letzte Gesichtspunkt deutet darauf hin, daß durchaus auch in Deutschland noch geltende Regelungen von einer Harmonisierung betroffen sind.[22] Im Interesse einer auch Osteuropa einschließenden Vereinheitlichung sollte alles getan werden, um die noch heute in den östlichen Ländern geltenden Sicherungssysteme zu stützen und sie immer stärker in die allgemeine Zielsetzung miteinzubeziehen.

VII. Die Pluralität der Sicherungssysteme
in Europa

In den vergangenen Jahren wurde in der Literatur der Versuch unternommen, eine Typologie der Systeme der sozialen Sicherung im Kontinent Europa aufzustellen. Dabei zeigte sich, daß nicht nur die Pole (Sozial-)Versicherungsorientierung oder steuerfinanzierte Versorgungsorientierung eine wichtige Rolle spielen, sondern auch der Gesichtspunkt der staatlichen bzw. institutionellen Zentralisierung oder Dezentralisierung einschließlich des Vorhandenseins privater, gemeinnütziger Trägerinitiativen. Der letzte Gesichtspunkt liegt einer neuen zweiteiligen Prognos-Studie zugrunde.[23] Diese kam bei einem Vergleich der Länder Deutschland, Frankreich, Spanien und Niederlande zu folgenden Ergebnissen:

Ein wichtiges Element der Europäischen Wohlfahrts- bzw. Sozialstaatlichkeit ist der spezifische Anteil, den die private Wohlfahrt an der „Wohlfahrt" insgesamt hat, wobei sich diese „private Wohlfahrt" wiederum in einzelne Bestandteile – gewinnorientierte, gemeinnützige oder wohlfahrtsverbandlich-karitative Elemente – unterteilen läßt. Auch dieses „Mischungsverhältnis" ist durchaus unterschiedlich und beispielsweise in Deutschland charakteristisch:

– In der Bundesrepublik, und nur hier, haben freie Wohlfahrtsverbände eine zentrale, das gesamte System prägende Bedeutung. Sie bilden gemeinsam die „Freie Wohlfahrtspflege" und werden als solche in den wesentlichen Sozialgesetzen explizit genannt. Die spezifische deutsche Variante des Subsidiaritätsprinzips räumt der Freien Wohlfahrtspflege bei Einrichtungen und Diensten sogar dem Staat gegenüber, der insgesamt für die soziale Sicherung und Versorgung verantwortlich ist, einen „bedingten Vorrang" ein. In der Praxis erfolgen Planung und Gestaltung der sozialen Dienste zumeist in der Kooperation zwischen staatlichen Stellen (auf allen Ebenen) und den Verbänden der Freien Wohlfahrtspflege. Private kommerzielle Anbieter sind in der Bundesrepublik Deutschland vor allem als Träger von (Spezial-)Krankenhäusern und Altenheimen tätig, dringen jedoch zunehmend auch in den Bereich der ambulanten Dienste vor.

– Auch in Frankreich sind gemeinnützige Wohlfahrtsorganisationen in vielen sozialen Bereichen tätig. Im Unterschied zu Deutschland wird das Bild von zahlreichen kleineren, meist regional und insbesondere fachlich ausgerichteten Verbänden geprägt. Insgesamt gibt es im Sozial- und Gesundheitsbereich in Frankreich etwa 90.000 private Verbände, davon sind rd. 1000 größere gemeinnützige Verbände (unter ihnen 200 Stiftungen). Das Verhältnis zwischen privaten (kommerziellen wie gemeinnützigen) Leistungserbringern zum Staat ist im Vergleich zur Bundesrepublik viel stärker reglementiert. Eine dem Subsidiaritätsprinzip in Deutschland vergleichbare Gestaltungsfreiheit gibt es für die Wohlfahrtsverbände in Frankreich nicht.

– Charakteristisch für die soziale Sicherung und Versorgung in den Niederlanden ist zum einen eine vergleichsweise wenig weltanschauliche Orientierung und zugleich eine deutliche Zersplitterung der Dienste. Sie arbeiten zumeist auf lokaler oder regionaler Ebene und können z. T. dem Bereich der gemeinnützigen, z. T. auch dem der privaten Wohlfahrtspflege (nach deutschem Verständnis) zugeordnet werden. In der Regel sind sie auf einen oder mehrere Arbeitsbereiche spezialisiert. Für fast alle Arbeitsbereiche gibt es überregionale private Dachorganisationen. Die meisten Einrichtungen sind als gemeinnützige Stiftungen oder Vereine organisiert und unterliegen der staatlichen Zulassung und Kontrolle, arbeiten aber, anders als in Deutschland, nicht explizit mit dem Staat zusammen.

– In Spanien spielt im Unterschied zu den drei vorgenannten Ländern immer noch die Familie oder der „Clan" als soziales Netz eine gewisse Rolle. Im Zuge der Entwicklungen seit etwa zwei Jahrzehnten geht sie mehr und mehr zurück und wird – für Spanien charakteristisch – durch eine universale staatliche Sozialversicherung ersetzt. Diese deckt, zumeist in eigenen Einrichtungen, einen großen Teil der Aufgaben ab, die in Deutschland von der Freien Wohlfahrtspflege wahrgenommen werden. Auch in Spanien gibt es eine Vielzahl gemeinnütziger Organisationen, deren Aktivitäten sich meistens auf den lokalen Bereich beschränken und die ohne offizielle staatliche Anerkennung tätig sind. Erst in jüngerer Zeit bemühen sich mehr und mehr Initiativen um staatliche Anerkennung und damit um finanzielle Förderung durch den Staat bzw. die Sozialversicherung. Den deutschen Verbänden der Freien Wohlfahrtspflege in etwa vergleichbar sind in Spanien nur wenige Vereinigungen. Lediglich das Rote Kreuz, die Caritas und der Blindenverband ONCE arbeiten zielgruppenübergreifend. Der private gewinnorientierte Bereich spielt bisher in Spanien kaum eine Rolle.

In der EKD-Denkschrift wurde erstmals der Versuch unternommen, die unterschiedlichen Sicherungssysteme in ganz

Europa typologisch zu ordnen.[24] Für die Zukunft wichtig ist es, in einem gemeinsamen Verständigungsprozeß, an dem Sozialpolitiker, Wissenschaftler und die in der diakonisch-karitativen Arbeit der Kirchen Verantwortlichen mitwirken, die verschiedenen Systeme auf ihre erhaltenswerten, humanen und sozial tragfähigen Momente hin zu befragen und Unzulänglichkeiten kritisch herauszuarbeiten. Erste Ansätze hierzu gibt es bereits, was in der folgenden Typologie nur kurz angedeutet werden kann:

- Das deutsche und kontinentaleuropäische Sozialversicherungsmodell basiert auf allgemeinen, für verschiedene Berufsgruppen obligatorischen und statussichernden Versicherungssystemen auf der Grundlage von Beitragszahlungen und begrenzten staatlichen Zuschüssen. Dieses sog. „Bismarck-Modell" stößt heute an verschiedene Grenzen: Es unterstellt intakte, langanhaltende Vollzeit-Arbeits- und Beitragsbiographien (40–45 Jahre) und benachteiligt alle Personen, die diesem systemischen Ansatz nicht entsprechen. Die Sozialhilfe als staatliches Mindestsicherungssystem gerät deshalb immer stärker unter Druck. Das Gesamtsystem ist unflexibel, in bürokratische Großstrukturen zergliedert und für die Betroffenen oft schwer durchschau- und handhabbar. Auch die freien Träger sehen sich im wachsenden Maße von Systemzwängen unter Druck gesetzt und in ihrer Handlungsfähgkeit eingeschränkt.
- Das englische Modell, das auf dem Report von Lord Beveridge (1942) basiert, umfaßt im Prinzip eine allgemeine, einheitliche Mindestsicherung durch staatliche Leistungen aus Steuermitteln. Das Leistungsniveau ist – insbesondere unter konservativen Regierungen – knapp bemessen und zielt, unter Anwendung der beiden Prinzipien der Sozialversicherung und der Sozialunterstützung, auf die Vermeidung von Notlagen. Die Tatsache, daß der Anteil der Armen im Vereinigten Königreich immer stärker ansteigt und gegenwärtig rund 20 Prozent der Bevölkerung beträgt, zeigt einerseits die starke Belastung des Systems der sozialen Sicherung an, andererseits die relative Unwirksamkeit sozialer Prävention und sozialer Politik. Beides wird deshalb auch von den britischen Kirchen mit zunehmender Schärfe kritisiert und eine Rückkehr zu den Prinzipien des Lord Beveridge gefordert.
- Das skandinavische Modell, das auf Sozialreformen am Beginn der 30er Jahre zurückgeht und einen langangelegten sozialen Konsens voraussetzt, basiert auf allgemeinen, einheitlichen Sicherungseinrichtungen mit großzügigem Leistungsniveau und ausgebauten Dienstleistungen sowie stark örtlicher Verankerung in die „Sozialgemeinde".

Dieses „wohlfahrtsstaatliche" Maximalmodell sozialer Sicherung über Steuermittel stößt gegenwärtig an zwei Grenzen: einmal verschlingt es immer höhere Steueranteile und gefährdet die wirtschaftliche, unternehmerische Leistungskraft, andererseits wird auch die Eigenverantwortung und die solidarische Verantwortung zu stark an das Solidarsystem delegiert. Deshalb bestehen starke Tendenzen der Umstrukturierung in Richtung auf mehr gesellschaftliche (kirchliche) und private Initiativen, ohne den hohen ethischen Anspruch an das Leistungssystem aufzugeben.

– Das Modell südlicher – teilweise lateinischer – Staaten ist traditionell eher durch ein rudimentäres wohlfahrtsstaatliches System, teilweise ohne rechtliche Ansprüche auf Sozialhilfe, gekennzeichnet. Häufig fungieren hier noch primäre soziale Netze: Familie, Clan, Nachbarschaft; vielfältige kirchliche Angebote, staatliche und freigemeinnützige Dienstleistungen und Institutionen entstehen erst allmählich, womit zugleich der starke soziale Wandel in diesen Ländern angedeutet ist.

– Das bereichsorientierte Modell der USA und teilweise auch der Schweiz; hier steht die private Daseinsvorsorge im Vordergrund, die durch begrenzte Fürsorgemaßnahmen ergänzt wird und regional variierende Sicherungen für bestimmte Sozialkategorien kennt, die beitragsfinanziert sind und die Selbstvorsorge ergänzen. Insbesondere in den USA hat die soziale Verarmung für nicht unerhebliche Teile der Bevölkerung z. T. erschreckende Ausmaße angenommen und scharfe Kritik nicht nur durch die katholische Bischofskonferenz hervorgerufen.

– Die osteuropäischen Systeme sozialer Sicherung waren bisher stark in die staats- und betriebswirtschaftlichen Strukturen integriert. Sie enthielten – auf sehr niedrigem Niveau – Elemente des englischen Beveridge-Modells und befinden sich gegenwärtig in einer tiefgreifenden Krise. Neue Teilsysteme müssen aufgebaut, teilweise traditionelle kirchliche Strukturen ersatzweise regeneriert werden.

Hier eröffnet sich ein neues länderübergreifendes sozialpolitisches und sozialwissenschaftliches Feld, das bislang nur ansatzweise bearbeitet wurde, aber in den kommenden Jahren in einer großen – die Grenzen Europas überschreitenden – weltweiten Anstrengung in Angriff genommen werden muß.

VIII. Auf dem Weg zu einer sozialstaatlichen Ordnung Europas?

Angesichts der großen Verschiedenheiten sowohl hinsichtlich des Niveaus der sozialen Sicherung als auch im Blick auf die Organisationsform bzw. den Organisationsgrad erscheint es vielen Betrachtern als utopisch, zu einer gemeinsamen sozialstaatlichen Ordnung in Europa zu gelangen. Ich stellte bereits fest, daß nur ein langer Atem und eine weite Sicht, aber auch ein entschlossener politischer Wille dazu führen kann, Europa zu einer gemeinsamen sozialstaatlichen Ordnung zu befähigen. Die Kirchen sind gefragt, ob sie sich einer solchen Perspektive öffnen und an ihrer Verwirklichung beteiligen. Ich darf hier noch einmal aus der Europa-Denkschrift der Sozialkammer zitieren:

„Es ist Kennzeichen der sozialstaatlichen Ordnung in Deutschland, daß die Verwirklichung der sozialen Aufgaben im Zusammenwirken von Sozialpartnern, Ländern, Kommunen und freien Trägern, Kirchen und der großen Zahl der haupt- und ehrenamtlich arbeitenden Bürger geschieht. Die Kirchen setzen sich dafür ein, diesem verantwortlichen Zusammenwirken der Kräfte und freien Träger, der Verbände und Kirchen im sozialen Feld auch im weiteren Raum Europas Geltung zu verschaffen. Um dies zu erreichen, sind eine sehr viel bessere Kenntnis des informellen Sektors in den verschiedenen Mitgliedsländern und neue Formen grenzüberschreitender Kooperation erforderlich. Überall in Europa – nicht zuletzt in den osteuropäischen Nachbarländern – zeichnen sich gegenwärtig Tendenzen ab, neue Strukturen der Hilfe und der diakonischen bzw. karitativen Arbeit aufzubauen" (130).

„In der Präambel der Gemeinschaftscharta wird ausdrücklich die Bedeutung des ‚Subsidiaritätsprinzips‘ hervorgehoben. Dies bezieht sich zunächst auf das Verhältnis zwischen Gemeinschaft und Mitgliedstaaten. Allerdings bedarf das ‚Subsidiaritätsprinzip‘ einer genauen Bestimmung. Es dient in Deutschland vor allem der Erhaltung der Autonomie und Leistungsfähigkeit gesellschaftlicher, kommunaler, kirchlicher und anderer Gruppen und Institutionen. Die Durchsetzung des Grundsatzes der Mitgestaltung und Mitwirkung von eigenständigen Gruppen und Institutionen an der Willensbildung der EG würde zur Schaffung einer partizipatorischen Entscheidungsweise in Europa beitragen, wobei dem Gedanken der Selbsthilfe und Hilfe zur Selbsthilfe im Bereich der sozialen Arbeit besondere Aufmerksamkeit geschenkt werden sollte" (131).

Gibt es Modelle, die sich für eine Handlungsperspektive eignen? Ich darf drei Modelle erwähnen und kurz erläutern[25]:

1. Der belgische Sozialrechtler Danny Pieters von der Katholischen Universität Leuven hat ein Modell entwickelt, das gelegentlich als die Bildung eines neuen – dreizehnten – „Sozialversicherungsstaates" gekennzeichnet wurde. Die Europäische Gemeinschaft soll ein neues Einheitliches Europäisches Sozialversicherungssystem (ESVS) errichten, das alle Risiken erfaßt und zunächst den Wanderarbeitern angeboten und dann für alle europäischen Bürger geöffnet wird. Auf diesem Weg entstünde ein neues einheitliches System, das auf lange Sicht als supranationales Versicherungssystem die bisherigen unkoordinierten Systeme ablösen könnte, dies umso mehr, wenn es attraktiv, zeitgemäß und klar konzipiert würde. Nach Eintreten der Währungsunion würde ein solcher Schritt vom Modell zur Realität durchaus gelingen können. Hier ließen sich durch Lenkung der auch schon heute in Spezialfonds gesammelten Mittel regionale Strukturdifferenzen und Finanzierungsprobleme ausgleichen.

2. Das Modell einer „Europäischen Sozialpolitik-Schlange" (ESPS) zielt darauf ab, die gesamte sozialpolitische Verantwortung umfassend zu europäisieren. Man lehnt sich an die Vorstellung der währungspolitischen Schlange an. Ressourcen sollen von den reicheren in die ärmeren, sozialpolitisch weniger entwickelten Länder übertragen werden, ohne daß sich die Leistungen in den reicheren Ländern dadurch erheblich verringern. Es soll eine soziale An- und Ausgleichung der Systeme nach oben erstrebt werden: Beginnend mit der Mindestsicherung könnten so die Risikobereiche Gesundheit, Ausbildung, Arbeit, Einkommen, Alter allmählich einheitlich gestaltet und abgesichert werden. Auch hier wird nur eine Politik auf lange Sicht zum Ziel führen. Die Innovatoren in der EG-Kommission tendieren, wenn ich recht sehe, zu diesem Modell.

3. Das dritte Modell geht davon aus, daß es weder möglich noch wünschenswert wäre, die Systeme der sozialen Sicherheit in ein europaeinheitliches Modell zu überführen. Die Komplexität und Vielfalt der bestehenden Systeme verbiete den Gedanken an eine Harmonisierung. Hier werden das Territorialitätsprinzip und neuerdings auch das Subsidiaritätsprinzip herangezogen, um jede

Form supranationaler Sozialordnung im Sinne eines künftigen „Sozialstaates Europa" abzublocken. In Regierungskreisen – aber auch bei den Tarifvertragsparteien – in Deutschland gibt es eifrige Verfechter dieser Thesen, die mit dem Gespenst des Social Dumping drohen, mit der Überforderung der finanziellen Leistungskraft der reichen Länder. An dieser Argumentation stört die Armut an konkreter Utopie. Mit großem Aufwand werden zwar die Systeme komparativ analysiert und auch Möglichkeiten der Koordination ausgeschöpft; aber alle weitergehenden Tendenzen in Richtung Harmonisierung abgeblockt.[26] Ich setze mich in Diskussionen zu diesem Problem dafür ein, daß auch von deutscher Seite eine wirklich tragfähige langfristige Perspektive für eine gemeinsame europäische Sozialpolitik erarbeitet wird.

IX. Anmerkungen zum Subsidiaritätsprinzip

Die christlichen Kirchen haben bisher noch keinen europaweiten Verständigungsprozeß über sozialpolitische Ziele herbeigeführt. Es bestehen aber starke Tendenzen, die deutschen Regelungen, insbesondere die gesetzliche Verankerung des Subsidiaritätsprinzips, auch in die europäische Rechtsstruktur zu übertragen. Die EKD-Denkschrift befürwortet „ein Europa in subsidiärem Zusammenwirken" und kommt in vorsichtiger Argumentation zu dem Ergebnis, daß zur Verwirklichung der sozialen Aufgaben die verantwortlichen Kräfte – die Sozialpartner, Länder, Kommunen, freien Träger, Kirchen und die haupt- und ehrenamtlich arbeitenden Bürger – zusammenwirken sollen. Die Durchsetzung des Gedankens der Mitgestaltung und Mitwirkung von eigenständigen Gruppen und Institutionen bei der Gestaltung der sozialen Ordnung in Europa soll auch der Schaffung partizipatorischer Entscheidungsprozesse dienen. Das Subsidiaritätsprinzip in evangelischer Auslegung soll jedoch nicht einen „verdeckten Vormachtsanspruch" zur Geltung bringen, vielmehr soll es der „Klärung des hilfreichen Beistandes" für die von Not Betroffenen dienen und zur sinnvollen Koordination der Dienste von öffentlichen und freien bzw. privaten Trägern der Wohlfahrtspflege beitragen.

Gegenwärtig findet eine heftige Kontroverse um den europäischen Gebrauch dieses Prinzips statt. Der EG-Rechtsexperte Prof. Pierre Pescatore hat in einer scharfen Erklärung darauf aufmerksam gemacht, daß das Subsidiaritätsprinzip unter Umständen zur „stückweisen Rücknahme des bisher im Rahmen der EG Konzedierten" führen werde.[27] „Damit wäre das tragende Grundprinzip der Gemeinschaft, nämlich die unwiderrufliche Übertragung von Hoheitsrechten zur Erreichung der gemeinsam definierten Ziele, auf den Kopf gestellt." In den lateinischen Ländern bedeute Subsidiarität „nicht gut gemeinte Hilfestellung, sondern Zweitrangigkeit und Unterordnung". Es komme also darauf an, eine den verschiedenen christlichen Traditionen entsprechende Position zur Geltung zu bringen. An dem in der EKD-Denkschrift „Soziale Sicherung im Industriezeitalter" aufgestellten Grundsatz „Die großen sozialen Risiken müssen gesellschaftlich abgesichert werden, während die kleine Gruppe, die Familie und der einzelne die Aufgabe haben, die im Gesamtsystem nicht mögliche oder nicht vorgesehene Sicherung zu organisieren, vor allem aber auch spontan einzuspringen" sollte auch im Blick auf Europa festgehalten werden.[28] Das bedeutet aber, daß den Kirchen an einem europaweit vereinheitlichten Sicherungssystem im Blick auf die großen Risiken (Krankheit, Alter, Arbeitslosigkeit, Einkommen etc.) gelegen sein muß. Die in der Prognos-Studie aufgestellte These: „Ein Subsidiaritätsprinzip im deutschen Sinne wird es in Europa nicht geben", sollte, falls sie zutrifft, nicht dazu führen, daß die Kirchen den Integrationsprozeß mit Mißtrauen begleiten. Vielmehr kommt es darauf an, über die Frage nach der Sicherung bisheriger Rechtsstellungen hinaus darauf zu achten, daß die Hilfesysteme so beschaffen sind, „daß sie die Hilfebedürftigen so wenig wie möglich als hilflose Objekte behandel(n), vielmehr sie in größtmöglichem Umfang zu Selbsthilfe befähig(en) und ihnen Gelegenheit geben, als aktive Subjekte selbst an der Befreiung von ihrer Not mitzuwirken".[29] Deshalb kommt alles darauf an, daß die Kirchen den verbindlichen Dialog über die sozialen Konsequenzen des christlichen Glaubens unter den weitreichenden Bedingungen unserer Wirklichkeit aufnehmen und im ökumenischen Geist gemeinsame Arbeitsvorhaben – insbesondere in sozialen Brennpunkten Europas – entwickeln. Auf diesem Weg könnten die Kirchen mitwirken an der Schaffung einer europäischen Sozialkultur. Zugleich können die Kirchen die aktiven Kräfte sein, die der Gefahr eines neuen Eurozentrismus entgegenwirken und den gemeinsamen Beitrag Europas zur solidarischen Ausgestaltung der „Einen Welt" mit Beharrlichkeit hervorrufen.

X. Europa in der Verantwortung
für die Eine Welt

Zum ersten Mal seit vielen Jahrzehnten ist es heute möglich geworden, über alle Grenzen der Staaten und Konfessionen in Europa hinweg eine gemeinsame Willensbildung über die Stellung und den Auftrag Europas in der Welt herbeizuführen. Die reichen Länder Europas sind herausgefordert, auf eine sozial ausgewogene Entwicklung in den wirtschaftlich und sozial schwachen Regionen des Kontinents hinzuwirken. Ohne Opfer wird eine ausgewogene, menschenwürdige Sozialordnung Europas nicht gelingen.

Zugleich aber sind die Länder und die Kirchen in Europa daraufhin zu befragen, welchen gemeinsamen Beitrag sie zur Entwicklung in der Dritten Welt leisten. Höchste Priorität kommt dabei den Least Developed Countries (LDCs), deren Mehrzahl im afrikanischen Kontinent liegt, zu. Wie erneut der UN-Development Report (1990) und der South Report (Challenge to the South 1990) deutlich gemacht haben, hat sich die wirtschaftliche und soziale Lage in immer mehr Ländern Schwarzafrikas im vergangenen Jahrzehnt erheblich verschlechtert. Wir stimmen mit der Feststellung des Development Reports (Punkt 10, S. 5) überein: „In any connected international effort to improve human development in the Third World, priority must go to Africa."

Als Nachbarkontinent zu Afrika ist Europa heute zu einer neuen und intensiven „Intercontinentalen Partnerschaft" zu Afrika in besonderem Maße aufgerufen.

„We are called to be Neighbours", dieser Leitgedanke der Weltkonferenz „Diakonia 2000" 1989 in Larnaca, soll von den Kirchen in Europa wörtlich genommen werden und in den zuständigen Gremien der Diakonie und der EKD zu einer Neubesinnung über den „interkontinentalen diakonischen Auftrag" der Kirchen gegenüber den Ländern Schwarzafrikas führen.

In der Denkschrift der EKD wurde darauf hingewiesen, daß es in Zukunft darauf ankommt, eine den Herausforderungen der „Dritten Welt" angemessene und in Europa abgestimmte Strategie wirksamer Entwicklungspolitik zu erarbeiten. Dazu gehört allerdings auch, daß Eigenanstrengungen der Entwicklungsländer zur Überwindung ihrer Armuts- und Schuldenprobleme nicht durch die Abschottung des europäischen Binnenmarktes untergraben werden. Vielmehr sollte z. B. durch günstige Bedingungen für den Export von Rohstoffen die Wirtschaft der Entwicklungsländer gefördert werden. Im vierten Abkommen von Lomé (1989) hat die EG ihre Entwicklungszusammenarbeit mit den sogenannten AKP-Staaten (Afrikas, der Karibik und des Pazifiks) auf eine neue rechtliche Grundlage gestellt. Die „Bemühungen um die Schaffung eines Modells für die Beziehungen zwischen entwickelten Staaten und Entwicklungsländern im Hinblick auf eine gerechtere und ausgewogenere Weltwirtschaftsordnung" (Art. 1 Lomé IV) sind zu begrüßen und weiter auszubauen.[30]

XI. Schlußbemerkung

Die Ausblicke auf ein solidarisches Europa zeigen, daß noch eine große und sicher auch mühevolle Wegstrecke zu durchschreiten ist. Niemand rechnet mit einer gradlinigen Entwicklung, vielmehr lauern überall Gefahren: der Bürgerkriege, der wirtschaftlichen Zusammenbrüche und der massenhaften Not. Es ist Kennzeichen der christlichen Hoffnung, daß sie weder in blinden Optimismus noch resignierenden Pessimismus verfällt, sondern sich an den Zeichen orientiert, die durch Gottes universalen Versöhnungsdienst in der Welt gesetzt sind. Deshalb sind Christen, die christlichen Gemeinden und Kirchen aufgerufen, sich in den Dienst der Versöhnung zu stellen. Die Zukunft in Europa wird nicht zuletzt davon mitbestimmt sein, wie glaubwürdig die Christenheit ihrem eigenen Auftrag entspricht.

¹ Vgl. *Kirchenamt der EKD* (Hrsg.), Verantwortung für ein soziales Europa. Herausforderungen einer verantwortlichen sozialen Ordnung im Horizont des europäischen Einigungsprozesses. Eine Denkschrift der Kammer der EKD für soziale Ordnung, Gütersloh 1991. Vgl. auch *Th. Strohm,* Perspektiven diakonisch-sozialer Arbeit im Prozeß gegenwärtiger europäischer Entwicklungen; *ders.,* Auf dem Weg zu einer neuen europäischen Sozialordnung. Perspektiven im Anschluß an die Europadenkschrift der EKD, in: *ders.,* Diakonie und Sozialethik, Beiträge zur sozialen Verantwortung der Kirche, hrsg. von *G. K. Schäfer* und *K. Müller,* Veröffentlichungen des Diakoniewissenschaftlichen Instituts an der Universität Heidelberg, Bd. 6, Heidelberg 1993.

² Das Projekt umfaßt zwei Einzelstudien: Studie I: Herausforderungen und Rahmenbedingungen der diakonisch-sozialen Arbeit der Kirchen im europäischen Einigungsprozeß. Studie II: Theologie und Praxis der Diakonie/Caritas in den Kirchen Europas im Blick auf die neuen Herausforderungen der Zusammenarbeit, und wird 1994 abgeschlossen werden. An der Hauptstudie wirken kirchliche Experten u. a. von der Caritas Italiana (Msgr. A. Baronio); von der Abteilung für kirchliche Wohlfahrt und Sozialdienst des Moskauer orthodoxen Patriarchats (Prof. W. K. Antonik); Dr. A. Papaderos, orth. Akademie in Kreta; der Generalsekretär der niederländisch-reformierten Kirche, Dr. H. Boer; vom Board für Social Responsibility der Church of England (D. Skidmore) mit. Vgl. auch *Th. Strohm/J. Degen* (Hrsg.), Diakonie und europäischer Binnenmarkt. Dokumentation einer wissenschaftlichen Arbeitstagung, Heidelberg 1992.

³ Der Vertrag über die Europäische Union (Text, Bulletin der Bundesregierung, Nr. 16 vom 12. Februar 1992). Vgl. auch Entwurf einer Denkschrift zum Vertrag vom 7. Februar 1992 über die Europ. Union, Ausw. Amt vom 11. März 1992. Vgl. außerdem: Maastricht – Auf dem Weg zur Politischen Union – Themenschwerpunkte, Wissenschaftliche Dienste des Deutschen Bundestages, Material 120, April 1992; *Bundesminister für Arbeit und Sozialordnung* (Hrsg.), Der EG-Binnenmarkt und die Sozialpolitik. Leben und Arbeiten in Europa, 1. und 2. Bd., Bonn 1991; *Bundesrat,* Unterrichtung durch das Europäische Parlament: Entschließung zu dem Aktionsprogramm der Kommission zur Anwendung der Gemeinschaftscharta der sozialen Grundrechte der Arbeitnehmer – Prioritäten für die Jahre 1991/1992, D. 698/90, Bonn, 4. Oktober 1990; *EG/Komm.,* Ein europäischer Sozialraum für 1992, von *P. Venturini,* Sammlung „Dokument", LUX, 1989; *EG/Komm.,* Die Gemeinschaft 1992: Ein Markt mit neuen Dimensionen (3. Ausg.), Europäische Dokumentationen, LUX 2/1989.

⁴ Vgl. *S. Leibfried,* Wohlfahrtsstaatliche Entwicklungspotentiale – Die EG nach Maastricht, NDV H. 4, 1992, S. 107ff., und *ders.,* Sozialstaat Europa?, Integrationsperspektiven europäischer Armutsregimes, in: Nachrichtendienst des Deutschen Vereins für öffentliche und private Fürsorge, 1990, S. 295–304.

⁵ Vgl. *D. Murswiek,* Europa und das Grundgesetz. Maastricht – nicht ohne Volksentscheid!, in: SZ 237, 14. Oktober 1992, S. 11.

⁶ Vgl. Europa Dokumente, Nr. 1790, Siècle Social, Brüssel, Juli 1992; EG/
Komm., Europa '92. Die soziale Gemeinschaft. Informationen über sozialpolitische Programme und Initiativen, Bonn 1990; EG-Hilfe für die ehemalige Sowjetunion und Möglichkeiten der Zusammenarbeit mit kirchlichen
Stellen, in: Europa-Informationen des EKD-Büros Brüssel, Nr. 7, November
1992.

⁷ Vgl. zur sozialen Dimension des EG-Binnenmarktes: Reis/Wienand (Hrsg.),
Texte und Materialien 2, Frankfurt a. M. 1990; W. R. Albrecht, Europäische
Sozialpolitik – Annäherung an ein aktuelles Thema, in: Soziale Sicherheit 7/78;
P. Clever, Herausforderungen für eine europäische Sozialpolitik, in: Bundes-
arbeitsblatt 1989, H. 6, 18–24; S. Leibfried, Sozialstaat Europa?, Integrations-
perspektiven europäischer Armutregimes, wie Anm. 4.

⁸ Vgl. hierzu u. a. W. Tegtmeier, Die zukünftige europäische Sozialordnung aus
der Sicht der Bundesrepublik Deutschland, in: Th. Strohm/J. Degen (Hrsg.),
Diakonie und europ. Binnenmarkt, wie Anm. 2, S. 29–49.

⁹ Vgl. H. Gollwitzer, Zur Wortgeschichte und Sinndeutung von „Europa", in:
Saeculum 2, 1951, S. 169, und E. Jüngel, Das Evangelium und die evangelischen Kirchen Europas, epd-Dokumentation 17, 1992, S. 43ff.

¹⁰ Vgl. P. Ricca, Innerprotestantische Ökumene, epd-Dokumentation, 23, 1992,
S. 52ff., und ders.: Die Waldenser-Kirche und die Diakonie in Europa – eine
Perspektive des Südens, in: Th. Strohm/J. Degen (Hrsg.), wie Anm. 2, S. 138ff.

¹¹ Vgl. Ein Europa der kooperierenden Kirchen, Kap. D der Europa-Denkschrift
der EKD, wie Anm. 1, S. 77ff.

¹² Vgl. E. Jüngel, Evangelische Gewissensbildung statt moralischer Schuldfixie-
rung, wie Anm. 9, S. 22ff.

¹³ Sekretariat der Deutschen Bischofskonferenz/CCEE-Sekretariat (Hrsg.), Die
europäischen Bischöfe und die Neu-Evangelisierung Europas. Rat der europäischen Bischofskonferenzen (CCEE), Oktober 1991. Stimmen der Weltkirche
Europa 32.

¹⁴ Ebd. (zit. in der Einführung von Hervé Legrand), S. 20f.

¹⁵ Vgl. Vaticanum II, Pastoralkonstitution, Die Kirche in der Welt von heute. Lat.
und dt. Text, Münster 1967, S. 33. In der Tradition des Vaticanum sehe ich
auch Stellungnahmen des Zentralkomitees der deutschen Katholiken, z. B.:
„Für eine europäische Verfassung", November 1987; „Zur Zukunft der europäischen Integration", November 1990; „Auf dem Weg zu einem neuen
Europa", Juni 1992. Ebenso die Diskussionsbeiträge in: BKK, Soziale Dimension Europas. Zu den ethischen Aspekten des Binnenmarktes, Trier 1992.

¹⁶ Vgl. hierzu vor allem Prognos AG, Freie Wohlfahrtspflege im zukünftigen
Europa. Bd. 1: Herausforderungen und Chancen im Europäischen Binnenmarkt; Bd. 2: Soziale Sicherung und Versorgung im internationalen Vergleich:
Bundesrepublik Deutschland, Frankreich, Niederlande, Spanien, Köln-Berlin
1991.

¹⁷ Vgl. hierzu: Poverty 3, Monthly Bulletin, 1–25, Brüssel 1990–1992, und
Poverty 3, Social Partners and social Exclusion, und Poverty 3, Verzeichnis der
Projekte, Generaldirektion, Beschäftigung, Arbeitsbeziehungen und soziale
Angelegenheiten, Brüssel 1992.

[18] Vgl. hierzu: Wettbewerbsvorteil durch Sozialgefälle, in: SZ 287 vom 17. Dezember 1991: Allein die Begrenzung der Wochenarbeitszeit auf 48 Stunden würden Englands Wirtschaft ca. 5 Mrd. Pfund und zahlreiche Arbeitsplätze kosten. Fast 10 Mio. Briten, fast die Hälfte aller Erwerbstätigen, verdienen derzeit weniger als die vom Europarat empfohlene „Zumutbarkeitsschwelle", also weniger als zwei Drittel des Durchschnittseinkommens. In kaum einem anderen EG-Land ist das Gefälle (30 Prozent) zwischen der Entlohnung berufstätiger Frauen und Männer für gleichwertige Arbeit so groß wie in Großbritannien. 3 Mio. Frauen arbeiten für weniger als 10 DM die Stunde. Englands Mütter haben überdies den bei weitem geringsten Anspruch auf Mutterschaftsgeld in der Gemeinschaft: Bis zu 90 Prozent des Arbeitsentgelts werden lediglich für die Dauer von sechs Wochen gezahlt, bei Teilzeitlern meist überhaupt nicht. Die Zahl der Teilzeitbeschäftigten ist wesentlich höher als in der übrigen EG. Eine Forderung nach Verbesserung ihrer Arbeitsbedingungen, wie Kündigungsschutz, Pensions- und Urlaubsansprüche, lehnt London als „Einmischung in innere Angelegenheiten" ab. Als einzigem EG-Land gibt es auf der Insel auch keine Begrenzung der täglichen Arbeitszeit. Abgelehnt werden auch Bemühungen um Mindestlöhne und den Schutz von Kindern in Arbeitsverhältnissen. Unter der Regierung Thatcher wurden die Mindestlöhne für 2,5 Mio. Briten kurzerhand abgeschafft, die Beschränkungen für Kinderarbeit 1989 weitgehend aufgehoben. Im Verhältnis zur Bundesrepublik liegt der durchschnittliche Arbeitslohn der Briten denn auch um etwa ein Drittel, die Lohnsteuerkosten mit etwa 30 Prozent um fast zwei Drittel niedriger. Die niedrigen Löhne, so urteilen Arbeitsmarktexperten, werden gebraucht, um die niedrige Produktivität „wettzumachen".

[19] EWG – EGKS – EURATOM: Möglichkeiten einer Harmonisierung der Leistungen der sozialen Sicherheit, in: Europäische Konferenz über die soziale Sicherheit, Bd. 1, Brüssel 1962. Vgl. auch: *Kommission der EG,* Bericht über die soziale Entwicklung – Jahr 1989 – Anlage zum „Dreiundzwanzigsten Gesamtbericht über die Tätigkeit der Gemeinschaften 1989" nach Art. 122 des EWG-Vertrages, Luxemburg 1990. Die Orientierung an statistischen Durchschnittswerten liegt den jährlichen Berichten der Kommission über den Sozialschutz in Europa zugrunde. Vgl. Sozialportrait Europas, hrsg. von *Eurostat,* 1991. Vgl. auch: Europa in Zahlen, 2. Ausg. (Kommission der Europäischen Gemeinschaften), 1992. Und: Die Zwölfergemeinschaft. Schlüsselzahlen (Kommission der Europäischen Gemeinschaften), 1991. Im Blick auf Basisdaten vgl. Recent demographic Developments in Europe, Council of Europe 1991. Die neueste Zusammenfassung findet sich in: Eurostat – Schnellberichte. Bevölkerung und soziale Bedingungen 4/1991: Der Sozialschutz in Europa. Die Entwicklung 1980 bis 1989.

[20] So die Prognos-Studie, wie Anm. 16.

[21] Vgl. *M. Zuleeg,* Die Europäische Gemeinschaft auf dem Weg zur Sozialgemeinschaft, in: NDV 71, 1991, S. 20ff., und *B. Schulte,* Die Sicherung eines sozialen Mindestlebensstandards in den Staaten Europas – auf dem Wege zu einem einheitlichen deutschen und europäischen Fürsorgerecht?, in: Die soziale Arbeit in den 90er Jahren – Neue Herausforderungen bei offenen Grenzen in Europa, 72. Deutscher Fürsorgetag 1990, Frankfurt 1991, S. 737ff.

[22] Vgl. Entwurf für eine Empfehlung des Rates zum Sozialschutz vom 16. September 1991, wie Anm. 19, S. 8ff.

[23] Vgl. die erwähnte Prognos-Studie, Freie Wohlfahrtspflege im zukünftigen Europa. Herausforderungen und Chancen im Europäischen Binnenmarkt, wie Anm. 16, Kurzfassung der Gesamtstudie, Bank für Gemeinwirtschaft, Köln 1991. Vgl. auch R. Bauer/ A.-M. Tränhardt (Hrsg.), Verbandliche Wohlfahrtspflege im internationalen Vergleich, Opladen 1987, und U. Schwarzer (Hrsg.), Das Konzept einer Sozialwirtschaft im europäischen Raum, Konsultation zu einem Europa der gemeinnützigen Verbände und der freien Vereinigungen vom 6. bis 8. Dezember 1992, Diakonie Korrespondenz, 2/93.

[24] Vgl. EKD-Denkschrift „Verantwortung für ein soziales Europa", wie Anm. 1, und EG-Komm., Vergleichende Darstellung der Systeme der sozialen Sicherheit in den Mitgliedsstaaten der EG. Allgemeines System, Brüssel/Lux., 16. Auflage 1991, und S. Leibfried, Sozialstaat Europa?, wie Anm. 7, und F. Loges, Europäische Sozialleistungssysteme und gesellschaftliche Veränderungen, in: Theorie und Praxis sozialer Arbeit, 10, 1990.

[25] Vgl. hierzu D. Pieters, Social Zekerheid na 1992 in eén over twaalf, Tilburg: Katholieke Universiteit Brabant, 1989. Vgl. auch ders., Fundamental Social Rights in the Member States of the European Community, in: Law, Social Welfare, Social Development, Frankfurt 1989. Vgl. auch M. Dispersyn, Le Serpent Social Européen, in: La sécurité sociale et l'Europe 1992. EISS Yearbook, Leuven: Acco 1990, S. 185ff., und S. Leibfried, wie Anm. 4.

[26] Als Beispiel zitiere ich aus einer Entschließung der Gesellschaft für Versicherungswissenschaft und -gestaltung (GVG), „Leitlinien für ein soziales Europa", Köln 1990: „Koordinierung statt Harmonisierung. Weder heute noch auf absehbare Zeit kann es um eine Harmonisierung der nationalen Systeme sozialer Sicherung gehen. Der Grund liegt vor allem in der objektiv außerordentlich großen Verschiedenheit der nationalen Systeme, die historisch und gesellschaftspolitisch, aber auch wirtschaftlich bedingt ist."

[27] Vgl. P. Pescatore, Europataugliches Subsidiaritätsprinzip?, Ein Irrweg der Unionspolitik (mit dokumentierenden Hinweisen), NZZ 15./16. September 1991, Zitat S. 14. Wichtig ist neuerdings die Ausarbeitung der Europ. Komm. Brüssel v. 27. Oktober 1992: „Das Subsidiaritätsprinzip, Mitteilung an den Rat und das Europ. Parlament". Vgl. auch Groos/Schrezenmaier, Subsidiaritätsprinzip, in: Maastricht – Auf dem Weg zur Politischen Union, wie Anm. 3, S. 22ff., und H. J. Kiderlen, Sozialer Dialog und Subsidiarität, Europa-Info des EKD-Büros Brüssel, Juni 1992.

[28] Vgl. EKD-Denkschrift „Die soziale Sicherheit im Industriezeitalter", 1973, Abs. 16. In der Europa-Denkschrift wird zweimal auf dieses Prinzip Bezug genommen: in Abs. 79 und Abs. 131.

[29] So O. v. Nell-Breuning, Solidarität und Subsidiarität, in: Deutscher Caritas Verband, Freiburg 1986, S. 88ff., Zitat S. 92f.

[30] Vgl. hierzu die gründliche Analyse von H. Lingau, Neue Elemente in der Entwicklungszusammenarbeit der Europäischen Gemeinschaft zu Beginn der 90er Jahre, Deutsches Institut für Entwicklungspolitik, Berlin 1991, und die Europa-Denkschrift, D 9 und 10, wie Anm. 1, S. 79ff.

ERNST J. NAGEL

Ethische Perspektiven einer europäischen Friedensordnung

I. *Zur Friedlosigkeit im gegenwärtigen Europa*

Kürzlich herrschte eine Fernsehmoderatorin den Abgeordneten Hans-Dietrich Genscher geradezu an, wann die europäische Politik in Jugoslawien den großen Worten endlich Taten folgen lasse. Der ehemalige Außenminister fragte zurück, an welche Taten die Dame dächte. Mehr als die militärische Karte fiel ihr nicht ein. Doch gerade Militärexperten warnen im Fall Jugoslawiens vor großen Hoffnungen auf eine substantielle Problemreduktion via Kampfeinsätze. Der Krieg in Jugoslawien und der Krieg um Kuwait sind militärstrategisch kaum vergleichbar. Der Golfkrieg bildete eher eine Episode, die Ausnahme. Die Erfahrungen der USA in Vietnam, die der Sowjetpolitik in Afghanistan setzen sich in Jugoslawien fort: Die Ultima ratio militärischer Kampfbeendigung ist keine panurgia, kein Alleskönner, der in jeder politisch entglittenen Situation der Zerstörung ein Ende setzen könnte. Damit geht eine Epoche zu Ende, ein Kernstück des Politikverständnisses im Europa der Neuzeit. Diesem Typ von Außen- und Sicherheitspolitik, dessen Leistungsgrenze nun erreicht ist, möchte ich etwas ausführlicher nachgehen.

1640 bestieg Friedrich Wilhelm, später der Große Kurfürst genannt, den brandenburgischen Thron. Sein Vater hatte während des Dreißigjährigen Kriegs den Versuch unternommen, Brandenburg und seine verstreuten Besitzungen durch neutrale Politik und geschickte Diplomatie aus den Kriegswirren herauszuhalten.[1] Dieser Versuch scheiterte. 1640 waren die rheinischen Besitzungen Brandenburgs von holländischen und spanischen Truppen eingeschlossen, Ostpreußen drohte sich zu trennen,

Brandenburg selbst war bis auf Berlin und einige Festungen von ausländischen Truppen besetzt. Friedrich Wilhelm reagierte in äußerstem Staatsnotstand. Was fiel ihm ein? Er reformierte die Armee, entließ unfähige und marodierende Söldner, befreite dadurch die Bevölkerung von deren Erpressungen und erwirkte von den Landständen die Steuerbewilligungen zum Aufbau eines qualifizierten, disziplinierten und kampftüchtigen Heeres. Anfangs bestand es aus lediglich 2500 Soldaten, noch im Laufe des Krieges wuchs es dann auf 8000 Mann an. In seinem Politischen Testament von 1667 bemerkt der Große Kurfürst elf Jahre vor seinem Tod, politische Allianzen seien gut, doch eigene Stärke sei besser. Diese habe ihn in Europa „considerabell" gemacht. Weil militärisch stark, war der Hohenzoller auch unter den Herrschern Europas angesehen. Und diese Lehre haben seine Nachfolger dann ad verbum beherzigt. Ihr zentrales politisches Anliegen blieb die Armee. Auf sie hin zielte die Organisation der Staatsverwaltung wie zugleich die Politik gegenüber den Ständen, die für Steuerbewilligungen zuständig blieben. Und daß dann gerade im „Antimachiavelli" Friedrich der Große sich die Frage stellte, warum sein Vater eigentlich eine so starke Armee aufgebaut habe, wenn er sie nicht zum Krieg, zur Eroberung, zur Ausweitung Preußens benutzte, verwundert eigentlich nicht mehr.

Der oft beschriebene preußische Militarismus war dabei keineswegs ein Exot im neuzeitlichen Politikverständnis Europas. Frankreich hatte als erster Staat die Zeichen der Neuzeit erkannt, verwirklichte in Perfektion den souveränen Nationalstaat, wie ihn der Friede von Münster und Osnabrück geschaffen, Jean Bodin und Thomas Hobbes theoretisch dargetan hatten. Es war ein Staat mit straffer Verwaltung und schlagkräftiger Armee, getragen von einer nationalen Idee, der „Staatsräson", und von merkantilistischem Denken, in dem eines sicher schien[2]: Die ökonomischen Interessen der Staaten stehen notwendigerweise einander entgegen. Gewinne des einen bedingen Verluste des anderen. Außenhandel wird zum Nullsummenspiel. So ist für Colbert der ständige Handelskrieg unvermeidbar. In der Mitte des 18. Jahrhunderts werden ihm David Hume und Adam Smith widersprechen und für den Freihandel kämpfen. Doch der souveräne Staat Frankreich erreichte über Richelieu und Mazarin im Reich Ludwigs XIV. zunächst einmal die Machtfülle einer vermeintlichen „Universalmonarchie". Und der Niedergang wurde wiederum militärisch eingeläutet.

In dieses Bild paßt das sog. freie Kriegführungsrecht des souveränen Nationalstaates der Neuzeit, der absolut souveräne Fürst, den der Friede von 1648 gebar. Die mittelalterlich-universalistischen Ordnungsvorstellungen waren einem langen Auflösungsprozeß[3] unterlegen. Er beginnt bereits im 13. Jahrhundert mit den italienischen Fürstentümern und Stadtrepubliken. 1270 läßt Karl von Anjou, König von Neapel und Sizilien, die Gesetze seines Vorgängers Friedrichs II. sammeln. Demnach bleibt der Kaiser rechtlich (de jure) alleiniger Weltherrscher, tatsächlich (de facto) aber regiert der König von Sizilien als „Kaiser in seinem Reich" (imperator in regno suo). Dem folgen andere. Sie lösen sich aus feudalen Bindungen und verstehen sich als Gemeinwesen, die auf Erden keinen Höheren anerkennen (civitates superiorem in terris non recognoscentes). Diese Praxis wird dreihundert Jahre später durch Jean Bodin und dann durch Thomas Hobbes zu Ende gedacht und zu Papier gebracht. Sie mündet ein in den absolut souveränen Territorialstaat der Neuzeit. Daß er auf Erden keinen Höheren anzuerkennen hatte, implizierte vieles, nicht zuletzt eben jenes absolut freie Recht zum Krieg (ius ad bellum).

Jedenfalls findet sich die Neuzeit weitgehend damit ab, daß es im zwischenstaatlichen Streit keinen Richter gibt und geben kann. So schränkt auch der Wiener Kongreß das Kriegsrecht der Staaten keineswegs ein. Lediglich hofft er, Kriege dadurch weniger attraktiv zu machen, daß ein Kräftegleichgewicht der fünf europäischen Großmächte die Aussicht auf Sieg und Gewinne reduziert. Und wie weit die christlichen Fürsten auf dem Wiener Kongreß von unseren Vorstellungen über eine tragfähige Friedensordnung entfernt waren, wird darin deutlich, daß jede der Großmächte ihr Reich auch kriegerisch erweitern durfte, wenn nur das Gleichgewicht insgesamt nicht angetastet würde, d. h. wenn auch andere Staaten ihre Machtsphäre in vergleichbarer Weise vergrößern könnten. Die kleinen Staaten Europas waren Pufferzonen der großen.[4] Das war der Preis des Friedens im Jahr 1815. Man sieht, wie unendlich weit der Weg war, bis Pius XII. das Selbstbestimmungsrecht für alle Völker – „ob groß oder klein" – verlangen konnte.

So wird auch verständlich, daß das Prinzip der „Nichteinmischung in die inneren Angelegenheiten eines souveränen Staates", betont von der UNO-Charta bis zur KSZE-Schlußakte von Helsinki, einen positiven Meilenstein bildete – die Absage an Jahrhunderte, in denen sich die Mächtigen unter missionarischen oder zivilisatorischen Vorwänden nahezu beliebig bei den Machtloseren einmischen und bedienen durften.

War diese „souveräne Gleichheit aller Staaten" gewiß historisch gesehen ein erheblicher Fortschritt, so wird die Ambivalenz dieser These heute in Jugoslawien wie weltweit deutlich. Darf oder muß die Staatenwelt wenngleich empört bei Pogromen zuschauen, wenn sie denn von einer souveränen Staatsmacht begangen werden? Handelt es sich bei Menschenrechtsverletzungen überhaupt um nicht-justitiable innere Angelegenheiten souveräner Staaten? Diese Fragen sind keineswegs originell. In der „Konvention über die Verhütung und Bestrafung des Völkermords" vom 9. Dezember 1948 wurde der Völkermord nicht nur zum Delikt erklärt. Es wurden auch Verfahren vorgesehen, diesen selbst dann zu sanktionieren, wenn er von einer souveränen Staatsführung begangen wurde. Die entsprechenden Gerichtshöfe wurden zwar nicht eingerichtet, doch Dachau oder Buchenwald können fortan nicht mehr als „innere Angelegenheiten" gewertet werden. Auch das Verhältnis von staatlicher Souveränität und Menschenrechtsverletzungen wurde in der letzten Zeit in höchsten politischen Gremien einer Klärung nähergebracht – beim Rat der KSZE, im „Ausschuß Hoher Beamter". Und die Antwort lautet: Ein Vorgehen gegen Menschenrechtsverletzungen fällt nicht unter das Einmischungsverbot. Diese Antwort ist richtig. Ohne sie wäre eine tragfähige Friedensordnung in Europa nicht möglich. Doch sie ist nicht hinreichend – sie muß in zwingendes Europarecht umgesetzt und institutionell gesichert werden. Und dies bedeutet eben mehr als notfalls „Krisenreaktionskräfte" zu entsenden. Was hier möglich und zu leisten ist, wer damit welche Probleme hat, wird uns weiter unten nochmals beschäftigen.

Kehren wir zunächst zurück zum entscheidenden Umbruch des westlichen Politikverständnisses, vor allem zu dessen Entmilitarisierung. Woodrow Wilson war bekanntlich der Präsident, unter dem die USA in den Ersten Weltkrieg eintraten. Wilson war vor seiner politischen Karriere 20 Jahre lang Professor der Rechtswissenschaften an der Universität Princeton, hatte Kant im Original gelesen und blieb zeitlebens von dessen Friedensvorstellungen beeinflußt. Mehr noch als die Napoleonischen Kriege ein Jahrhundert zuvor hatte der Erste Weltkrieg die Denkenden aufgerüttelt: Er war ungemein überflüssig und zugleich Quelle unglaublicher Verluste und Schäden. Er hatte den Hoffnungen, man könne den Krieg bis zur Erträglichkeit einhegen und humanisieren, ein Ende gesetzt.[5] Zugleich hat er die entsetzlich kriegsbegeisterte Literatur dem Reißwolf überantwortet, die um die Jahrhundertwende den Frieden als kulturelle Erschlaffung diskreditierte und dann im Weltkrieg beispielsweise die epochale Auseinandersetzung zwischen deutschem Helden- und englischem Händlergeist sah.[6] Im Januar 1917, vor dem Eintritt der Vereinigten Staaten in den Krieg, hält Wilson vor dem Senat eine Rede mit der Parole „Frieden ohne Sieg". Darin strebt er nicht nur einen Waffenstillstand wie so oft an. Ihm schwebt eine substantiell neue Art künftiger internationaler Beziehungen vor. Es geht ihm wie Kant darum, nicht nur diesen, sondern jeden Krieg in einem Friedensbund zu überwinden. Der Versuch der Kriegsbeendigung scheiterte zwar ebenso wie danach der von Papst Benedikt XV. in „Dès les débuts". Doch bedeutete dies nicht das politische Ende der Wilsonschen Politikvorstellungen und Ideale, wie er sie in den 14 Punkten vom 8. Januar 1918 programmatisch zusammengefaßt hatte.

Die Satzung des Völkerbundes blieb zwar weit hinter den Ideen Wilsons zurück, doch in einem Punkt folgte sie ihm und beendete damit eine ganze Epoche, die nämlich des „freien Kriegführungsrechts" und damit die des „klassischen" Völkerrechts.[7] Die Mitgliedstaaten unterwerfen ihr ius ad bellum erstmals einem internationalen Regelwerk und beschneiden damit ein Stück ihrer absoluten Staatssouveränität. Dies ist das epochal Neue, das Ende des freien Kriegführungsrechts. Und wenn auch Wilson für den Beitritt zum Völkerbund im eigenen Land keine Mehrheit findet, wirken seine Ideen weiter. Im Briand-Kellogg-Pakt von 1928 gelingt erstmals eine absolute Kriegsächtung. Und da die weit überwiegende Mehrheit der damals souveränen Staaten diesen Pakt unterzeichnete, ist der Krieg fortan geächtet im Sinne eines zwingenden Völkerrechts (ius cogens). Einen Krieg zu beginnen – oder in den Worten der UNO-Charta die Androhung oder Anwendung von Gewalt in den internationalen Beziehungen –, steht nicht mehr im Belieben des Nationalstaats, unterliegt vielmehr supranationalem Recht, einer neuen Qualität von Völkerrecht. Hier werden die Planungen einer regionalen oder globalen Friedensordnung ansetzen müssen.

Nun käme es einem tragischen Irrtum gleich, in einer neuen Form von Militarisierung des Friedensdenkens die umfassende UNO-Ordnung oder auch die regional-europäische Friedensordnung auf die beiden naheliegenden Elemente einzuengen: Völkerrechtlich verbindliche Kriegsächtung plus militärisches Vorgehen gegen den Staat, der dennoch Gewalt in seiner Außenpolitik androht oder gar anwendet. Beide Elemente sind in einer effektiven Friedensordnung unerläßlich, konstituieren sie jedoch noch keineswegs. Und die Frage der Fragen lautet dann: Was muß hinzukommen? Welches Politikverständnis, welche zusätzlichen Ansätze bieten sich an, um Konflikte, mit denen Politik stets rechnen muß, möglichst sicher, auf Dauer friedlich und gewaltfrei zu lösen? Dies alles erwartet man nämlich zu Recht von einer europäischen oder irgendeiner anderen regionalen oder globalen Friedensordnung.

In einer Art Zwischenbilanz läßt sich sagen: Die Friedensherausforderung, vor der wir uns gegenwärtig befinden, ist eigentlich nicht neu, keineswegs das Produkt des beendeten Ost-West-Konflikts. Dieser war eher ein unerfreuliches Intermezzo. Gewiß wirkte er für eine umfassende Friedensordnung insofern störend, als beispielsweise in den politischen Strukturen wie im breiten Bewußtsein demokratische Entwicklungen nicht stattgefunden haben, Lernzeit vergeudet wurde. Zugleich hat der Ost-West-Konflikt für uns im Westen die Friedensherausforderung erheblich verzerrt und verniedlicht. Wir konnten uns als Verfechter der Menschenrechte, des Selbstbestimmungsrechts der Völker und ähnlich hoher Werte darstellen und in uns die Überzeugung nähren, die Friedensgefährdung entstamme ausschließlich und lediglich der ideologischen Sowjetpolitik, friedensdienliche Strukturreformen des internationalen Systems unterblieben lediglich auf Grund uneinsichtiger Politik des Kremls. Auf der Hintergrundfolie des Stalinismus war westliche Politik in der Tat die bessere Alternative – auch in Sachen Frieden. Nun aber steht sie auf dem Prüfstand, ob sie wirklich die Kraft zu einer neuen Qualität aufbringt und den Erfordernissen einer stabilen supranationalen Friedensordnung gerecht wird.

Nicht um Pessimismus zu fördern, vielmehr um die eigenen Probleme und Defizite, die zugleich Aufgaben sind, zu verdeutlichen – nochmals eine kurze Erinnerung an unsere politischen Vorstellungen selbst im Umbruch des Ostblocks. Allgemein war das Bedauern über den Zerfall des Staates Jugoslawien, ja selbst der Warschauer Vertragsorganisation, erst recht der Sowjetunion. Pate stand hierbei ein Modell neuzeitlicher Staatsentwicklung: Drei Etappen führten vom ständischen über den absolutistischen zum konstitutionellen Staat. Zunächst erhob sich ein Territorium über die mittelalterliche Diversifikation von Herrschaft bei Kaiser, Fürsten, Bischöfen, Ständen, Parlamenten oder Städten.[8] Herrschaft wurde in dieser ersten Phase beim Territorialstaat monopolisiert. Es folgte in einer zweiten Etappe die gewaltsame Zusammenschmelzung mehrerer Territorien unter einem Herrscher – wie die Literatur gewählt sagt, wurden diese Gebiete „herrschaftlich zusammengefügt", was sachlich dasselbe meint. In einer dritten und letzten Etappe erreichte die Entwicklung ihren Höhepunkt. Auf ihr „schließen sich die bisher nur nach außen als Ganzes erscheinenden ‚Länder und Provinzen' auch innerlich im Bewußtsein der Regierten ... zu einer Einheit zusammen".[9] Was sowjetische und jugoslawische Selbstdarstellung lange Jahre irrigerweise propagierte, diese dritte Etappe habe sich auch dort ereignet, es gäbe nun eine sowjetische oder eine jugoslawische Nation, erhielt plötzlich auch im westlichen Lager den Rang eines Friedensessentials. Erste Auflösungstendenzen in diesen Staaten wurden als „Tribalismus", als Rückfall in überholtes Stammesdenken gebrandmarkt. Allenfalls die Abspaltungstendenzen der baltischen Staaten stießen auf einen Rest an Verständnis. Ansonsten schien zu genügen, daß Gorbatschow sich zur Demokratie bekannte und ein Ende der destruktiven Sowjetpolitik bei der UNO in Aussicht stellte. Um mit Kant zu sprechen, konnte man so hoffen, daß nicht nur dieser, sondern jeder Krieg angesichts dieser Machtkonzentration der Supermächte verhindert werden könnte. Erst recht würde sich diese Hoffnung auf Europa beziehen, zu dem im Rahmen der KSZE ja auch die USA und Kanada gehören. M. a. W. wiederum stand ein Machtfriede in Aussicht. Ob er den ethischen Vorstellungen über eine Friedensordnung entspricht, bleibt ebenso die Frage wie, ob er sich denn als politisch vernünftig erweist.

II. Zielkonturen aus ethischer Perspektive

Gewiß ist und bleibt es ratsam, sich mit dem II.Vatikanischen Konzil zu gewärtigen, daß Krieg droht, solange die Menschen Sünder sind. Doch nicht weniger gewichtig ist der Folgesatz, daß die Gefahr des Krieges in dem Maße überwunden wird, als sich die Menschen „in Liebe vereinen". Dies mag auf einen ersten Blick zwar fromm, aber politisch unbrauchbar erscheinen. Und tatsächlich ist es eine der schwierigen Aufgaben einer theologischen Ethik, derartige Grundsätze in eine Form zu übersetzen, die auch außerhalb der eigenen Glaubensgemeinschaft als gehaltvoll erkannt und konsensfähig wird. Die katholische Soziallehre[10] wie auch die offizielle kirchliche Friedenslehre sehen in den Menschenrechten als Entfaltung der menschlichen Würde eine solche Übersetzung für unsere Zeit.

Dabei hat sich gerade die katholische Kirche über lange Zeit gegen die gängigen Menschenrechtspositivierungen ausgesprochen. Sie hat dabei Fehler begangen und sich korrigiert, etwa mit Bezug auf die Religionsfreiheit. Andererseits aber hat die Entwicklung der Menschenrechte gerade bei den Vereinten Nationen eine Richtung eingeschlagen, die sie für meine Kirche immer akzeptabler und attraktiver machte. Dies wurde bereits bei Pius XII. deutlich, weltweit augenfällig jedoch in der Friedensenzyklika „Pacem in Terris" von Papst Johannes XXIII.

Schon bei der UNO-Konstitution 1945 in San Francisco und zuvor bei der Erarbeitung der Charta war es deutlich, daß dieses Friedenskonzept einer Menschenrechtsdeklaration bedarf. Doch die dazu erforderliche Einmütigkeit lag nicht vor. So delegierten es die Gründer an die UNO, sich um einen solchen Menschenrechts-

katalog zu bemühen. Erstes Ergebnis war die Menschenrechtsdeklaration von 1948. Es handelte sich im Schwerpunkt um die
klassischen Freiheitsrechte der westlich-liberalen Tradition. In der
zweiten Dekade[11] strömte bekanntermaßen eine Vielzahl junger,
aus kolonialer Bevormundung entlassener Staaten in die UNO
ein. Sie negierten die 48er Deklaration nicht, hielten sie jedoch
dezidiert für erweiterungsbedürftig. Dies führte 1966 zu den
beiden sog. Menschenrechtspakten.[12] Dies war ein entscheidender
Durchbruch, der 1961 bei der Veröffentlichung von „Pacem in
Terris" vorauszusehen war und dort bereits antizipiert wurde:
Nun war deutlich, daß Menschenrechtskataloge stets nach vorne
offen sind, daß in keinem von ihnen die Würde des Menschen
umfassend dargestellt ist, daß tiefere Einsicht in diese Würde auch
zu immer neuen Rechten und Pflichten führen wird.

Wie Benedikt XV. es 1917 an die Regierungschefs schrieb, soll
in einer umfassenden Friedensordnung an die Stelle der Waffen-
gewalt die Macht des Rechts treten. In diese Richtung bedeutet
die UNO-Arbeit an den Menschenrechten einen Meilenstein.
Dennoch, häufig hört man den Einwand, die Menschenrechts-
tradition sei typisch abendländisch, schon der islamischen Welt
fremd. Und diese Welt ragte immer schon mit der Türkei weit
nach Europa hinein. Heute verschärft sich das Problem noch
dadurch, daß die vielen Millionen Moslems im Süden der ehemaligen Sowjetunion eigene Staaten bilden. Gewiß wird die islamische Welt sich nicht leicht mit der Gleichberechtigung von Mann
und Frau oder mit der Religionsfreiheit abfinden. Sie werden die
Menschenrechte lediglich nach Maßgabe der Scharia annehmen.
Darin liegt ein schwieriges Problem, das sich jedoch vielleicht in
der Praxis leichter angehen läßt als in der Theorie. Und meine
These würde diesbezüglich besagen, daß die Konsequenz, mit der
die abendländische Staatenwelt die umfassenden Forderungen der
Menschenrechte selbst umsetzt, darüber entscheiden wird, ob
diese Rechtsbasis des internationalen Friedens zum Tragen
kommt oder nicht.

Um es an zwei Beispielen zu verdeutlichen: Wenn in der
südlichen Welt der Eindruck entsteht, daß der UNO-Sicherheits-
rat sich des Kurdenpogroms im Irak ergriffen annimmt, zugleich
aber vielleicht schlimmere Pogrome im Nordosten Afrikas unbe-

handelt läßt, muß sich der Eindruck festigen, die Menschenrechts-
politik der UNO erfolge nicht aus dem universalen Respekt vor
der Würde aller Menschen, sondern in der Verfolgung westlicher
Interessen. Dann würde in den Augen vieler das Menschenrechts-
konzept zu nichts anderem als zu einer finessierten Schönfärberei
alter nationaler Machtpolitik – wenn auch heute auf regionaler
Ebene. Und ebenso argwöhnisch wird der Beobachter des Jugo-
slawienkonflikts fragen, warum denn das Embargo nicht konsequent durchgesetzt wurde, warum es trotz des weitergehenden
Antrags durch die USA beim Verbot von militärischen Flug-
bewegungen im Sicherheitsrat lediglich bei Wortforderungen
blieb und keine Konsequenzen bei Nichtbeachtung genannt wurden. Gelten die Menschenrechte so wenig, daß selbst indiskrimi-
natorische Bomberflüge gegen Zivilbevölkerung geduldet werden, um traditionell gute diplomatische und Handelsbeziehungen
mit kriegführenden Staaten nicht zu gefährden?

Insofern steht und fällt die Chance einer regionalen Friedensordnung für Europa damit, daß die Menschenrechte in ihrer
ganzen Breite ernstgenommen werden. Und wenn das Gemeinwohl eines Staates geradezu dadurch definiert wird, daß seine
innere Ordnung allen Bürgern ein Leben in Würde und in Respekt
vor ihren Rechten ermöglicht, dann stellt sich die Frage nach einer
supranationalen Friedensordnung für Europa in ihrem Kern.
Dann wird die Souveränität eines Staates immer dann an seine
Grenzen stoßen, wenn sein Außenverhalten für einen anderen
Staat gemeinwohlabträglich ist. Genau diesen Weg ist die Politik
mit Kellogg-Pakt und UNO-Charta bezüglich des Krieges gegangen: Die Entscheidung zum Krieg unterliegt nicht mehr einzel-
staatlicher Souveränität. Was aber, wenn es um die sozialen oder
politischen Rechte geht?

Seit Benedikt XV. verlangt die kirchliche Lehre, daß alle
Staaten nicht nur ein Friedensrecht entwickeln, sondern dann
auch nicht mehr Richter in eigener Sache bleiben, vielmehr ihre
Konflikte bindend einem supranationalen Schiedsgericht unter-
werfen. Dieser Ansatz wurde auch im Helsinkiprozeß von der
Schweiz eingebracht, und zwar in aller Vorsicht: Mehr als die
Informierung der Weltöffentlichkeit über den Schiedsspruch war
nicht vorgesehen, und selbst dies nochmals nur mit Zustimmung

aller Betroffenen. Der Hl. Stuhl (Casaroli) unterstützte diese Initiative und begleitet sie seither.

Eine solche Schiedsgerichtsbarkeit konnte 1975 in Helsinki vor allem angesichts sowjetischer Einwände nicht eingerichtet werden. Darüber hinaus zeigte das Expertentreffen von La Valletta – Anfang 1991, also nach dem Ende des Kalten Krieges –, daß auch die demokratisch-liberalen Staaten des Westens begierig jedes Stück nationaler Souveränität verteidigen und sich nur äußerst zurückhaltend supranationaler Rechtsprechung unterwerfen. Dies ist zu bedauern, entsteht doch der Eindruck, daß die europäische Friedensordnung letztlich der Sättigung immer noch nationaler Interessen dient und keineswegs den Weg zu umfassender Solidarität und adäquater Problemlösung beschreitet.

Auf diese Gefahr ist aus ethischer Perspektive hinzuweisen, doch eine andere Engführung des Friedensdenkens droht in gleicher Weise. Rechtsprechung und Rechtsdurchsetzung werden in einer Friedensordnung immer wieder die Ultima ratio bilden. Doch eben ultima, nicht prima et unica ratio. Auch die Straßenverkehrsordnung lebt nicht nur von Verkehrsgerichten und -polizei. Die bedarf der Akzeptanz durch die Bürger, der Verkehrserziehung für Kinder und Erwachsene, der Aufklärung, der Verkehrsberuhigung von Straßen. Und so gehört zur supranationalen Friedensordnung ein breiter Köcher an Strategien. Die Pariser Charta der KSZE-Staaten ist diesbezüglich lesenswert: Es werden Institutionen gefordert, zugleich aber zu „Foren" heruntergestuft. Man mag argwöhnen, dahinter stehe Angst vor der eigenen Courage. Doch in Wirklichkeit zeigt sich hierin viel politische Vernunft: Konflikte im Vorfeld zu bereinigen, ist die hervorragendste Leistung einer Friedensordnung. Dem dient beispielsweise das Konfliktverhütungszentrum, die Einrichtung des Rates der Außenminister, die sich wenigstens halbjährlich treffen. Ihm dient der Ausschuß Hoher Beamter. Dies ist ein kluger Ansatz, Konflikte friedlich zu regeln, sich aus erster Hand über Motive, Probleme und Entscheidungen zu informieren, notwendigen Ausgleich zu vereinbaren, Kompromißfähigkeiten zu entwikkeln, Konflikten ihre Eskalationsdynamik zu nehmen.

So berechtigt dieses behutsame Herangehen sein mag, so wichtig es bleibt, Konflikte zu managen statt machtpolitisch zu regeln, wenn sie aus dem Ruder gelaufen sind – die letzte Glaubwürdigkeit, an einer stabilen Friedensordnung interessiert zu sein, verleiht den Staaten die Bereitschaft, sich auch dann dem Recht zu unterwerfen, wenn es von ihnen Solidaritätsopfer verlangt. Und hier wird für mich unverständlich, wie gerade aus der neuesten Europapolitik die Bereiche Außen- und Sicherheitspolitik ausgeklammert wurden. Offensichtlich ist die Verklammerung von nationaler Souveränität und nationaler Verfügung über die Armee politisch noch so tief verankert, daß man hier lieber Richter in eigener Sache bleiben will.

Bliebe dies auf Dauer, würde Europa auf die Hoffnungen des Wiener Kongresses zurückfallen: Die christlichen Fürsten – das heutige Äquivalent hieße: demokratische Regierungen – garantieren den Frieden. Zu Recht wird immer wieder darauf hingewiesen, daß die Chancen für eine supranationale Friedensordnung in Europa am besten stehen. Ungleich schwieriger stellt sich das Friedensproblem in anderen Weltregionen – nicht zuletzt im Nahen Osten. Der Fortschritt in Europa könnte dort anregen. Doch der Mißerfolg wird ebenso gewiß entmutigen. Dabei geht es in Europa wie im Nahen Osten darum, weit im Vorfeld die militärische Eskalation von Konflikten zu verhindern und für den Fall, daß dies nicht gelingt, noch über Instrumente zur frühen Beendigung eines Krieges zu verfügen.

Entscheidend wird die Einsicht sein, daß der souveräne Nationalstaat an seine Leistungsgrenze gestoßen ist. Über Jahrhunderte konnte er das Gemeinwohl seines Volkes besser bedienen als politische Alternativkonzepte. In dem Maße, in dem er das heute nicht mehr vermag, muß gerade er nach Alternativen suchen, will er seiner bleibenden Gemeinwohlverpflichtung gerecht werden. Und offensichtlich kann der einzelne Nationalstaat weder die Umweltprobleme lösen noch Krieg mit nationalen Mitteln verhüten, weder den Drogenhandel noch multinationale Konzerne sicher innerhalb der Rechtsordnung halten. Darum ist die Forderung nach einer europäischen Friedensordnung keine Kampfansage an den Staat. Vielmehr wird der heutige Staat durch sie daran erinnert, seiner Gemeinwohlverpflichtung unter veränderten Bedingungen gerecht zu werden. Dies ist gewiß leichter gefordert als getan.

III. Aufgaben, Chancen, Gefahren

Eine ein für allemal stabile Friedensordnung wird es nicht geben. Dies zeugt nicht für Pessimismus, sondern reflektiert die Tatsache, daß der politische Kontext, in dem sich Friedensbedrohungen stellen, schon regional, erst recht global unvorhersehbaren Veränderungen unterworfen bleibt. Die völlig unerwartete Renaissance eines völkischen Nationalismus im Europa der letzten Jahre und das Auseinanderbrechen vormals stabil erscheinender Staaten mögen dafür als Beispiele genügen. Insofern legt es sich nahe, statt globaler Ordnungsmodelle exemplarische Aufgaben zu benennen. Der Friedensprozeß lebt davon, daß Chancen genutzt und stets immanente Gefahren erkannt werden.

1. Die Staatenwerdung des frühneuzeitlichen Europas steht deutlich auf den Schultern von Thomas Hobbes, dessen *Anthropologie*[13] hier besondere Bedeutung zukommen soll.

Bei Hobbes kommt der Mensch als vorsoziales Individuum in den Blick, das sein Grundproblem lösen muß, die individuelle Existenzsicherung. Der vertragliche Zusammenschluß zu einem Staat bildet dann das erste Factum sociale in seinem Leben. Daß weit im Vorfeld eines allfälligen Staatsvertrags der Mensch immer schon sozial in Familie, Gemeinde oder Stamm, kurz in Gesellschaft eingebunden ist, übersieht Hobbes und er muß es übersehen, da sonst seiner Anthropologie der vorsozialen Existenz wie der Rückbindung aller menschlichen Strebungen an die Überlebenssicherung der Boden entzogen wäre.

Staatliches Wir-Gefühl erhält so eine besondere Dignität: Es bedeutet Anfang, leider aber auch Grenze von Solidarität. Konsequenterweise setzt sich im Verhältnis zwischen den absolut souveränen Staaten der Naturzustand gefährdeter Existenz – nun der Völker – fort. Die Forderung nach supranationalem Recht, das in Sachen Krieg auch die „souveränen Machthaber" bindet, erhebt darüber hinaus Hobbes auch darum nicht, weil die kriegerische Haltung der Souveräne den Fleiß der Untertanen etwa beim Festungsbau fördert und den Naturzustand zwischen Staaten geradezu als Ideal darstellt.[14]

Nun schließt der lesenswerte Artikel „Staat und Souveränität"[15] unter Verweis auf die neu entstandene Debatte über den zivilen Ungehorsam, auf die transnationalen Wirtschaftsverflechtungen wie auf die Umweltproblematik mit dem Hinweis: „... mit welchen Schwierigkeiten der zu rechnen hat, der die Souveränität als ein auch heute noch plausibles und gültiges Konzept erweisen will." Das trifft spätestens seit der Kriegsächtung im Briand-Kellogg-Pakt von 1928 zu: Das Konzept der absoluten staatlichen Souveränität wurde wenigstens insofern durchbrochen, als es nicht mehr im Ermessen der Staaten steht, außenpolitische Konflikte gewaltsam zu lösen. An diesem Punkt wird das hobbesianische Staatskonzept von der absoluten Souveränität völkerrechtlich aufgehoben.

Im Gegensatz dazu kommt, wenn auch auf Umwegen, seine Anthropologie doch wieder in unsere politische Landschaft zurück: Der Staat als Wohlfahrtsgarant im Verbund mit der geradezu merkantilistischen Gewißheit, Volkswirtschaften kooperierten nach den Regeln eines Nullsummenspiels, schaffen ein subregionales Wir-Gefühl als Basis für national-egoistische Optionen. Über die tatsächliche Lage informiert die Demoskopie die Gewerkschaftsführungen und zeigt ihnen, wo die Grenze umfassender Solidarität im Bewußtsein der Mitglieder verläuft. Umfragen zeigen Politikern die Schmerzgrenze der Wähler, wenn europäische Solidarität mit nationalem Wirtschaftsinteresse in Konflikt gerät. Selbst Entwicklungspolitiker sehen sich gezwungen, der Öffentlichkeit darzulegen, daß jede entwicklungspolitisch investierte Mark daheim für mehr als eine Mark Arbeitsplätze schafft. Dies mag man beklagen und an die jüdisch-christliche Tradition erinnern, in der der Mensch, und das heißt: jeder Mensch, Bild Gottes genannt wird. Man wird aus gutem Grund auf das durchgehend universalistische „für alle" der Christusbotschaft verweisen und es in die politische Sprache übersetzen, daß die Würde „des" Menschen unantastbar ist. Doch kann man darum einen Politiker oder Gewerkschaftsführer zu einem Programm raten, dem sicher ist, daß ihm bei der Wählerschaft jede Chance auf Akzeptanz und Mehrheit abgeht? Möglicherweise bildet es einen Glücksfall, daß die US-amerikanischen Bischöfe in ihrem Friedenshirtenbrief aus dem Jahr 1983 die eigene Regierung rügen können, sie schätze die Hilfsbereitschaft der Bürger zu gering ein und nähme sie darum nicht hinreichend in Anspruch.

Was immer die Demoskopen zu diesem Optimismus sagen mögen, hier wird eine Aufgabe von Kirche deutlich: Sie selbst darf sich mit einer national oder regional ausgrenzenden Anthropologie nicht abfinden, ihr nicht den Platz räumen. Hier ist die Mitte des kirchlichen Verkündigungsauftrages betroffen, daß nämlich jene Barmherzigkeit, mit der Gott uns als Ferne und Feinde angenommen hat, auch Maßstab menschlichen Handelns sein soll. Im Rahmen dieser Verkündigung sind Grund, Zweck und Grenze nationaler Grenzziehungen neu zu definieren, d. h. partikulär-staatliches Gemeinwohl nach Maßgabe von Gerechtigkeit und Billigkeit in den umfassenderen Kontext eines Menschheitsgemeinwohls zu integrieren.

Sehr wohl darf es dann nicht bei der Wortverkündigung bleiben. In „Gaudium et Spes" steht als Forderung an die Kirche: „Es ist jedoch Sache des ganzen Volkes Gottes, wobei die Bischöfe mit Wort und Beispiel vorangehen müssen, die Nöte unserer Zeit nach Kräften zu lindern, und zwar nach alter Tradition der Kirche nicht nur aus dem Überfluß, sondern auch von der Substanz" (Nr. 88). Gewiß kann man über die Grenze zwischen „Substanz" und „Überfluß" streiten und rechten. Doch insgesamt bleibt es dabei, daß auch die Kirchen, wenn schon nicht von einem nationalen, so doch von einem parochialen, diözesanen oder landeskirchlichen Egoismus bedroht sind. Gewiß bringen die Kirchen erhebliche Summen für entwicklungspolitische und weltkirchliche Aufgaben auf, doch geht es dabei wirklich bis an die „Substanz"?

Kirche würde so zu einem eigenprofilierten Lebensraum, in dem Einstellungen erlernt und erprobt werden könnten, die für eine stabile übernationale Friedensordnung dienlich, gar unverzichtbar sind. In einer Kirche, die von der Substanz hilft, könnte erstmals ein großgesellschaftliches Experiment gelingen im Sinne der in kirchlichen Texten häufig beschworenen Kompensation des Weniger-Habens durch das Mehr-Sein.

Eine Studie von Meinhard Miegel u. a.[16] vergleicht zwei ökonomisch weit auseinanderklaffende Regionen Deutschlands miteinander, und zwar nach dem Kriterium „subjektive Zufriedenheit". Sie zeigt, daß in der ökonomisch stärkeren Region die Zufriedenheit über den beruflichen Erfolg höher liegt, die schwächere Region hingegen in ihrer Zufriedenheit über „Familienglück" sowie „Liebe und Zuneigung" besser abschneidet. Abschließend kommt die Studie zu dem Ergebnis, daß Wertprioritäten, Neigungen und Verhaltensweisen in unterschiedlichen Regionen stark divergieren können. Zugleich bedauert sie, daß – um es mit eigenen Worten zu sagen – in Wirtschaft und Politik noch immer einseitig vom Homo oeconomicus und seinen Prioritäten ausgegangen wird. Dies ergibt als Mahnung an die Europapolitik: „Namentlich das Postulat der Herstellung und Gewährleistung gleicher materieller Lebensbedingungen in den Regionen, Ländern, Wirtschaftsräumen wie der Europäischen Gemeinschaft und – idealiter – Europa oder sogar der ganzen Welt müßte neu bestimmt werden. Denn sollten regionale Wirtschafts- und Beschäftigungslagen erheblich von Neigungen und Verhaltensweisen der jeweiligen Bevölkerung abhängen, wäre nicht nur fraglich, ob das Postulat gleicher materieller Lebensbedingungen verwirklicht werden kann, sondern mehr noch, ob es überhaupt verwirklicht werden soll."[17]

Die Art, wie der Kalte Krieg endete, hat zu dem Trugschluß geführt, das westliche Leistungs- und Konkurrenzmodell sei dem Menschen schlechthin natürlich. Berufserfolg, der sich an erster Stelle in finanzieller Entlohnung niederschlägt, erhält dadurch den Charakter einer naturalen Vorgegebenheit, die kulturell nicht angetastet werden dürfe. Die Reduktion des Menschen auf ein und nur ein Grundstreben – sei es die Überlebenssicherung, sei es den Berufserfolg – dekretiert somit Egozentrismus, der sich dann konsequenterweise als Staats- oder Regionalegoismus organisiert. Der so dargestellte Mensch aber kontrastiert elementar mit jenem Menschen, den eine stabile Friedensordnung voraussetzt.

2. Dies wird belangvoll, wenn man sich den *Grundelementen* einer übernationalen Friedensordnung zuwendet. „Gaudium et Spes" (Nr. 82) sieht die Möglichkeit einer „absoluten Ächtung des Krieges" im Zusammenhang mit einer „von allen anerkannten öffentlichen Weltautorität …, die über wirksame Macht verfügt, um für alle Sicherheit, Wahrung der Gerechtigkeit und Achtung der Rechte zu gewährleisten". Hervorzuheben sind einmal die Universalität des „für alle" und sodann die drei Pfeiler, nämlich Sicherheit, Gerechtigkeit sowie Menschen- und Völkerrechte. Eine Friedensordnung ist also ungleich umfassender als eine

Sicherheitsordnung. Über dieses dreifache Ziel einer stabilen Friedensordnung besteht theoretisch Konsens – es steht in den einschlägigen Dokumenten von der UNO-Charta bis zur Europa-Charta von Paris.

Zum Problem wird erst die Praxis und deren Ermöglichung. In der UNO-Charta ist das Teilziel „Sicherheit" abundant abgedeckt. Nicht nur die Anwendung, sondern schon die Androhung von Gewalt zur Lösung internationaler Konflikte ist verworfen (vgl. Art. 2.4). Somit wird die absolute Kriegsächtung des Kellogg-Paktes weitergeführt. Die Rechtslage ist folglich klar. Sodann ist mit dem Sicherheitsrat eine Institution geschaffen, deren Kompetenz man geradezu mit der des Papstes in der mittelalterlichen Ordnung vergleichen könnte: Dieser Rat hat nach Art. 39 die nicht hinterfragbare Feststellungskompetenz, wer die Kriegsächtung verletzt hat. Gegen diesen Delinquenten kann der Sicherheitsrat friedliche (Art. 41) und notfalls militärische Maßnahmen (Art. 42) beschließen. Insofern ist der Sicherheitsrat das Paradestück der UNO-Ordnung: Im supranationalen Bereich liegt eine klare Rechtslage ebenso vor wie kompetente Rechtsanwendung und wenigstens im Prinzip – wenngleich hier Nachbesserungen erforderlich sein werden – Mittel zur Rechtsdurchsetzung. Ähnliches kann man leider für die beiden anderen Ziele nicht wahrnehmen: Mit Ausrichtung auf die internationale Gerechtigkeit sieht die Charta zwar einen Wirtschafts- und Sozialrat vor. Doch fehlen entsprechende Rechtsgrundlagen ebenso wie Kompetenz in der Anwendung, von Durchsetzungsmitteln ganz zu schweigen. Ähnlich dürftig verbleiben die Chancen, Verletzungen der Menschenrechte europa- oder weltweit zu ahnden.

Nahezu dasselbe Problem stellt sich beim Verteidigungsrecht der UNO-Charta nach Art. 51. Das Recht auf individuelle oder kollektive Selbstverteidigung gegen einen Angriffskrieg wird dem Opfer zugesprochen, bis die Völkergemeinschaft sich des Falles annimmt. Schon bei der Erarbeitung der Charta hatte ein südamerikanischer Staat das Verteidigungsrecht nicht auf den Fall des Angriffskrieges beschränken wollen. In seinen Augen wäre dieses Recht auch dann zu gewähren, wenn ein Staat durch einen anderen wirtschaftlich oder politisch an der freien Selbstbestimmung gehindert würde. Diese Forderung nahmen dann später auch immer wieder die sog. nationalen Befreiungsbewegungen auf und legitimierten von daher ihren Kampf. Doch die Väter der UNO-Charta kamen diesem Wunsch nicht entgegen. Sie konnten es auch nicht, wäre dies doch ein Rückfall hinter die Kriegsächtung und mit ihrem eigenen Gewaltverbot nach Art. 2.4 unvereinbar gewesen. Hätten Gerechtigkeitskonflikte wieder einen Krieg legitimiert, bedeutete dies eben ein Retour in die Lehre vom gerechten Krieg, in dem ja auch ein Angriffskrieg im Falle einer Gerechtigkeitsverletzung erlaubt war, wenn nicht gar, da jeder Staat dann wieder Richter in eigener Sache wäre, in das freie Kriegführungsrecht.

Die UNO-Charta ist ein Paradebeispiel dafür, daß eine supranationale Organisation das Gewaltmonopol im internationalen Bereich für sich reklamiert, vergleichbar dem staatlichen Gewaltmonopol im nationalen Bereich. Das überragende Interesse an der Kriegsverhinderung gibt dieser Regelung Sinn und Akzeptanz. Dies trifft wenigstens in der Theorie zu. Ganz anders stellt sich die Frage nach den praktischen Regelungsmöglichkeiten des Sicherheitsrates durch militärische Maßnahmen. Politisch ist ein Kriegsausbruch in der Regel die Eskalation eines langandauernden Konflikts. Die vorsichtigen Institutionalisierungen im KSZE-Prozeß geben hier die richtige Richtung an. Ein Konflikt darf die Völkergemeinschaft nicht erst aktiv werden lassen, wenn er kurz vor der gewaltsamen Explosion steht: Darum in der Pariser Charta das Konfliktverhütungzentrum in Wien, die Einrichtung des Rates der Außenminister, des Ausschusses Hoher Beamter usw. Derartige Konflikte sind aber in aller Regel Gerechtigkeitskonflikte oder Konflikte über den menschengerechten Umgang eines Staates mit seinen Bürgern wie mit den Nachbarn. Schon darum lassen sich auch für die supranationalen Organisationen die Ziele Menschenrechte, Gerechtigkeit und Sicherheit nicht voneinander trennen. Denn es könnte der Fall eintreten, daß die Völkergemeinschaft nach Art. 43 der UNO-Charta gegen einen Staat vorgeht, dessen wirtschaftlichen Überlebenskampf sie zuvor unbeachtet ließ. Ob man dann mit „militärischen Maßnahmen" jenes Feuer löschen darf, das man zuvor unter Kontrolle zu halten unterließ, ist, wenn nicht juristisch, so doch ethisch wie politisch eines der ganz schwierigen Probleme.

So sehr jede supranationale Staatenverbindung der absoluten Absage an Krieg und internationale Gewalt verpflichtet ist, so bleibt deutlich, wie sehr sie in eben diesem Kontext gehalten ist, den Zielen Gerechtigkeit sowie Menschen- und Völkerrechte dienliche Rechtsgrundlagen zu schaffen und Institutionen einzurichten. Hier stehen wir verständlicherweise vor erheblichen Defiziten. Diese werden verständlich, sofern der Kalte Krieg Fortschritte in diese Richtung geradezu unmöglich gemacht hat, zu stark differierten die jeweiligen Anschauungen über Gerechtigkeit und Menschenrechte. Nun ist jener große Gegenspieler von der politischen Bühne vorerst wenigstens abgetreten, und es wird sich zeigen, ob das westliche Insistieren auf Gerechtigkeit und Menschenrechten kämpferische Keule oder politisch-moralische Eigenverpflichtung war und ist.

Bei einigen Beispielen wird eine supranationale Regelung einschlägiger Probleme leichter, bei anderen schwieriger fallen:

3. Als Beispiel diene die *Folter*. Die Rechtslage ist klar: Nach Art. 4 des Paktes über bürgerliche und politische Rechte gehört das Folterverbot zu den „notstandsfesten" Menschenrechten, d. h. seine Geltung erstreckt sich selbst auf den „Fall eines öffentlichen Notstandes, der das Leben der Nation bedroht". Zugleich mit dem Pakt legte die UNO das „Fakultativprotokoll zu dem internationalen Pakt über bürgerliche und politische Rechte" vor. Die Staaten, die dieses Protokoll unterzeichneten, gingen weitergehende Verpflichtungen ein, die selbst nicht mehr als die Ernsthaftigkeit dokumentierten, dem Folterverbot auch in nachprüfbarer Praxis gerecht zu werden. Erstens erklären sie den „Ausschuß für Menschenrechte" für zuständig, in Sachen Folter ihr Handeln zu prüfen. Zweitens nehmen sie nicht nur Staatenklage, sondern die Klage jeder betroffenen Einzelperson entgegen. Dies sind wichtige Dammbrüche: Staaten unterwerfen sich überstaatlicher Rechtsprechung und – vielleicht noch revolutionärer im Völkerrecht – sie erkennen Einzelpersonen als Akteure in diesem Rechtsgeschäft an.

Nun ist dieses Fakultativprotokoll, wie der Name sagt, fakultativ. Ein Staat kann es unterzeichnen, kann dieses aber ebenso und folgenlos auch unterlassen, wie seine Unterschrift zurückziehen. Denn selbst Vertragsstaaten können nach Art. 12 das Protokoll mit einer Dreimonatefrist kündigen. Dabei ist nicht mehr vorgesehen, als daß der Ausschuß für Menschenrechte „seine Auffassungen dem betroffenen Vertragsstaat und der Einzelperson mitteilt" (Art. 5.4) und im Jahresbericht seine Tätigkeit protokolliert. Doch selbst dieses Wenige ist offensichtlich nicht jedem Staat zuzumuten.

Die Apodiktik des Folterverbots kontrastiert so mit der Zaghaftigkeit des Fakultativprotokolls. Es wäre nicht nur an der Zeit, stieße wohl auch auf breite Bereitschaft all der Staaten, die es mit dem Folterverbot ernst nehmen, das Fakultativprotokoll in einen Vertrag höherer Verbindlichkeit zu verwandeln und zudem die Kontrollmöglichkeiten des „Ausschusses für Menschenrechte" zu erweitern. Hier eröffnete sich zugleich ein Lernfeld, um Chancen und Probleme erweiterter Schiedsgerichtsbarkeit[18] auf anderen, vielleicht schwierigeren Gebieten zu prüfen.

4. Dabei stellt sich heraus, daß auf den ersten Blick noch so plausible Vorschläge sich bei näherem Hinsehen als überaus *ambivalent* erweisen mögen.

Ein Stück dieser Ambivalenz wurde bereits oben deutlich: Gegenüber dem Unterdrückungsrecht der Großmächte von 1815 war das Verbot, sich in die inneren Angelegenheiten auch eines kleinen Staates einzumischen, ein Fortschritt. Doch gerade dieser Fortschritt kehrte sich ins Gegenteil, sobald es offenkundig wurde, daß Staatsführungen Pogrome begingen, folterten und die Grundlagen aller Menschenrechte zur Disposition stellten. Die Ambivalenz des Nichteinmischungsgebots liegt auf der Hand.

Die Völker- und Rechtsgemeinschaft kann Menschenrechtsverletzungen nicht dulden. So war es konsequent, die Menschenrechte nicht mehr nur den Staaten anzuvertrauen, sie vielmehr als Elemente einer supranationalen Ordnung auszugeben, an die auch die Staatsregierungen gebunden sind. Hermann Jahrreiss[19] nennt den souveränen Staat in einer zunehmend aufeinander angewiesenen Staatenwelt zwar „befehls-", aber nicht „ordnungsunabhängig". Im Sinne einer bindenden Ordnung wären die Menschenrechte also dem Staat vorgegeben. Doch wie eine solche Ordnung ohne hinzukommende Befehlsgewalt durchgesetzt werden kann, bleibt offen und leitet die Aufmerksamkeit auf die Eigenart einer vor- oder überstaatlichen Ordnung.

Auf den ersten Blick scheint es plausibel, die Friedensordnung mit der Errichtung einer Weltregierung zu identifizieren. Diese Vorstellung beruhte auf dem Analogieschluß, der Weltstaat sei imstande, im internationalen Bereich jene Sicherheit zu erbringen, die wir in der Regel im Inneren dem modernen Nationalstaat verdanken; er könne international den Krieg verhindern wie ein intakter Staat Bürgerkrieg und Chaos. Die Formel Friede = Weltregierung entgeht jedoch nicht der Ambivalenz. Schon bei Rousseau begegnen ihr wenigstens zwei Einwände: Ist die Weltregierung zum einen erstrebenswert, verspricht sie auf Dauer die Friedensprobleme zu lösen oder zeugt sie nicht neue Probleme unvorhersehbaren Ausmaßes? Zum anderen fragt sich, ob sie machbar ist. Sie könnte ja nur von den Staaten errichtet werden. Und wie weit diese es für vertretbar halten und bereit sind, ihre Souveränität abzugeben, bleibt fraglich.

Schon „Centesimus Annus" macht auf ein grundlegendes Problem gesellschaftlicher Ordnung aufmerksam: „Wenn Menschen meinen, sie verfügen über das Geheimnis einer vollkommenen Gesellschaftsordnung, die das Böse unmöglich macht, dann glauben sie auch, daß sie für deren Verwirklichung jedes Mittel, auch Gewalt und Lüge, einsetzen dürfen" (Nr. 25). Wer glaubt, schon nur regional für Europa über die vollkommene Friedensordnung zu verfügen, und die Ambivalenzgefahr übersieht, bleibt dieser Gefahr in extremer Weise ausgesetzt.

So wird die Friedensfrage zu einer Herausforderung der Klugheit, wenn nicht gar der Weisheit, Behutsamkeit und Beharrlichkeit beim Aufbau europäischer Institutionen zu paaren. Mangelnde Behutsamkeit übersieht Gefahren und gefährdet die Idee einer Friedensordnung im Bewußtsein der Europäer wie weltweit. Mangelnde Beharrlichkeit läßt Chancen, die vielleicht nie wiederkommen, ungenutzt verstreichen.

Anmerkungen

[1] Vgl. A. *Craig,* Die preußisch-deutsche Armee 1640–1945, Düsseldorf 1980, S. 19ff.
[2] H. *Gollwitzer,* Geschichte des weltpolitischen Denkens, Bd. I: Vom Zeitalter der Entdeckungen bis zum Beginn des Imperialismus, Göttingen 1972, S. 148.

³ P. A. *Hausmann,* Die Spuren der Treuga Dei im Völkerrecht, oder: vom Wandel des Friedensverständnisses, in: *G. Picht/C. Eisenbart* (Hrsg.), Frieden und Völkerrecht, Stuttgart 1973, S. 235–294, hier S. 238.

⁴ Vgl. *G. A. Craig/A. L. George,* Zwischen Krieg und Frieden. Konfliktlösung in Geschichte und Gegenwart, München 1984, 43ff.

⁵ Zwar gab es auch nach 1918 noch bellizistische Verharmlosungen der Kriegs-schäden: *W. Steinmetz* hatte in „Philosophie des Krieges" (Leipzig 1907) die in künftigen Kriegen zu erwartenden Verluste als eher belanglos prognostiziert. Dann kam die Erfahrung des Ersten Weltkrieges. In der neubearbeiteten Zweit-auflage „Soziologie des Krieges" (Leipzig 1928) singularisiert Steinmetz dann diesen Krieg zur Ausnahme – die folgenden Kriege würden seiner ursprüng-lichen Prognose folgend nur erträgliche Schäden zur Folge haben. Doch im Gegensatz zur Jahrhundertwende mangelt es derartigen Prognosen nun an Glaubwürdigkeit.

⁶ *W. Sombart,* Händler und Helden. Patriotische Besinnung, München 1915. Doch bleibt Sombart in dieser Richtung keineswegs ein Unikat. Selbst bedeu-tende Kirchenmänner haben sich außerordentlich „patriotisch" zu diesem Krieg geäußert.

⁷ Vgl. hierzu die einschlägigen Passagen bei *O. Kimminich,* Religionsfreiheit als Menschenrecht. Untersuchung zum gegenwärtigen Stand des Völkerrechts, Mainz und München 1990 (Entwicklung und Frieden 52), sowie *ders.,* Einfüh-rung in das Völkerrecht, 4. Aufl., München–London–New York–Paris 1990.

⁸ Hier genau kommt für *J. Dennert* (Ursprung und Begriff der Souveränität, Stuttgart 1964, S. 58) der Souveränitätsbegriff zur Wirkung. Souveränität als „Gleichsetzung von Gemeinwesen und Herrschaftsausübung bedeutet schon auf den ersten Blick eine Absage an die Auffassung, daß res publica ein Gegen- und Miteinander von geistlichen Fürsten, Kammern, Ständen und Parlamenten ist. Nach der neuen Definition ist das Gemeinwesen kein schier unüberschaubar verwickeltes Netzwerk von Rechten, Gewalten und Immunitäten mehr." „Herrschaft über mehrere Haushalte", ja über alle Haushalte wird spätestens bei Bodin zum Strukturprinzip des Staates.

⁹ Vgl. *H. O. Meisner,* Staats- und Regierungsformen in Deutschland seit dem 16. Jahrhundert, in: *H. H. Hoffmann* (Hrsg.), Die Entstehung des modernen souveränen Staates, Köln–Berlin 1967, S. 321–350, hier S. 321.

¹⁰ Dies ist dabei keineswegs im exklusiven Sinne gemeint. Auch für viele Vertreter der evangelischen Sozialethik dienen die Menschenrechte als Brücke zwischen der biblischen Liebesforderung und einer systematischen Sozialethik. Vgl. *G. Beestermöller,* Möglichkeiten und Grenzen einer ökumenischen Sozialethik. Eine Tagungsnachlese, in: Catholica 4/1991, S. 296–308, sowie *ders.,* Ökume-nische Sozialethik: Konfessionelle Pluralität in der Einheit einer Theologie der Menschenwürde und -rechte?, in: Catholica 4/1992, S. 273–280.

¹¹ Zur Entwicklung der Vereinten Nationen seit 1945 vgl. *W. G. Grewe,* Entste-hung und Wandlungen der Vereinten Nationen, in: *B. Simma* (Hrsg.), Charta der Vereinten Nationen. Kommentar, München 1991, XXIII–XLIII.

¹² „Internationaler Pakt über bürgerliche und politische Rechte vom 19. Dezem-ber 1966" sowie „Internationaler Pakt über wirtschaftliche, soziale und kultu-relle Rechte vom 19. Dezember 1966".

[13] Vgl. *J. Dennert,* wie Anm. 8; *H. Maier,* Hobbes, in: *H. Maier/H. Rausch/ H. Denzer* (Hrsg.), Klassiker des politischen Denkens, München 1968, Bd. I, S. 350–375; *F. Tönnies* in seiner Einführung zu dem von ihm erstmals edierten Werk von Thomas Hobbes, Naturrecht und allgemeines Staatsrecht in den Anfangsgründen, Essen 1926, Neudruck: Darmstadt 1983; *I. Fetscher* in seiner Einleitung zu: Thomas Hobbes, Leviathan, Frankfurt 1984, IX–LXVI.

[14] Vgl. Thomas Hobbes, Leviathan, wie Anm.13, S. 97f.

[15] In: Geschichtliche Grundbegriffe. Historisches Lexikon zur politisch-sozialen Sprache in Deutschland, Bd. 6, Stuttgart 1990, S. 1–154, hier S. 153.

[16] *M. Miegel* u. a., Wirtschafts- und arbeitskulturelle Unterschiede in Deutschland. Zur Wirkung außerökonomischer Faktoren auf die Beschäftigung, Gütersloh 1991.

[17] Ebd., S. 122.

[18] Vgl. den Schweizer Vorschlag für ein Schiedsgericht im Rahmen der KSZE, der in Helsinki 1975 an vorgesehene Expertentreffen verwiesen wurde. Die Treffen in Montreux und Athen standen noch unter dem Gegenwind des kalten Krieges. Das letztjährige Expertentreffen in La Valletta blieb jedoch auch ohne sichtbaren Durchbruch. Offensichtlich fällt es auch demokratischen Staaten nicht leicht, ihre internationalen Konflikte einem solchen Schiedsgericht zu unterbreiten. Kritisch zum Schweizer Vorschlag: *B. Simma* und *D. Schenk,* Der schweizerische Entwurf eines Vertrages über ein europäisches System der friedlichen Streitbeilegung, in: *B. Simma/E. Blenk-Knocke* (Hrsg.), Zwischen Intervention und Zusammenarbeit. Interdisziplinäre Arbeitsergebnisse zu Grundfragen der KSZE, Berlin 1979, S. 363–400.

[19] *H. Jahrreiss,* Die Souveränität der Staaten. Ein Wort – mehrere Begriffe – viele Mißverständnisse, in: Die Entstehung des modernen souveränen Staates, wie Anm. 8, S. 35–51, hier S. 38.

AUGUST PRADETTO

Nationsbildung und Selbstbestimmungsrecht versus Integration und Supranationalität?

Europäische Sicherheit nach dem Zusammenbruch des Kommunismus*

Europäisierung I

Von osteuropäischer Seite ist mit „Europäisierung" gemeint, was auch mit der Metapher „Rückkehr nach Europa" konnotiert wird: Schaffung von Wohlstand und prosperierenden Ökonomien, Herstellung demokratischer Verhältnisse, Integration in (west)europäische wirtschaftliche und sicherheitspolitische Zusammenhänge.[1]

Überprüft man anhand dieser Zielsetzungen bzw. Kriterien vier Jahre nach den Umbrüchen die Realität, dann haben – in unterschiedlichem Maße – die postkommunistischen Gesellschaften bereits einige Schritte in Richtung Europäisierung getan, wenn man nicht die euphorischen Erwartungen während des Umbruchs oder das Idealmodell westlicher Systeme zum Ausgangspunkt nimmt, sondern den Stand von vor vier Jahren.

Ordnungspolitisch ist eine Rückkehr zum Kommunismus auszuschließen, selbst in Rußland. Marktbeziehungen stellen zumindest die Grundlage für den Fortgang der ökonomischen Entwicklung und für grundlegende wirtschaftspolitische Entscheidungen dar, wenngleich von einer Marktwirtschaft wie im Westen höchstens in wenigen Einzelbereichen die Rede sein kann. Aber auch im Westen ist die Marktwirtschaft nicht in ein paar Jahren eingeführt worden. Außerdem hat bereits eine relativ weitgehende Umorientierung der osteuropäischen Länder in der Außenwirtschaftspolitik und -tätigkeit stattgefunden, nämlich in Richtung Westen und insbesondere die Europäische Gemeinschaft (EG) bzw. die Europäische Union (EU). Die meisten der ehemaligen

europäischen Mitglieder des Rats für Gegenseitige Wirtschaftshilfe (RGW) haben Verträge mit der EG abgeschlossen, am wei-
testgehenden die drei mitteleuropäischen Länder Polen, die Tschechoslowakei (bzw. ihre Nachfolgestaaten) und Ungarn.[2]
    Mit Blick auf die sicherheitspolitischen Wertvorstellungen
sind die Gegensätze zwischen den Osteuropäern und der NATO
zusammengeschmolzen. Seit 1989 ist eine Reihe von neuen bi-
und multilateralen Verbindungen etabliert worden, und zwar
zwischen den Ländern des ehemaligen Warschauer Pakts ebenso
wie zwischen diesen Ländern und einer ganzen Reihe westeuro-
päischer Staaten. Die meisten der betreffenden Staaten sind mitt-
lerweile Mitglieder des Europarats und der UNO. Die 23 Nachfolgestaaten des einst sechs Länder umfassenden Warschauer
Pakts gehen im NATO-Kooperationsrat, dem sie angehören, vom
gleichen sicherheitspolitischen Grundverständnis aus wie die
NATO-Mitglieder selbst.[3] Darüber hinaus mag auch die aufge-
nommene regionale Zusammenarbeit in ihren verschiedenen Formen in und zwischen den ehemals kommunistischen Ländern als
Zeichen für eine Europäisierung gelten. Vom „Visegrader Drei-
eck" bis hin zur Zentraleuropäischen Initiative (CEI), die aus der
Hexagonale[4] hervorgegangen ist, haben sich nicht nur neue
Kooperationsformen zwischen den ehemaligen Paktstaaten, sondern auch subregionale Kooperationen zwischen östlichen und
westlichen Staaten formiert.[5]
    Damit ist zum erstenmal seit mehr als 60 Jahren die Chance zu
einer „Europäisierung" des Kontinents gegeben und sind auch in
der Realität entsprechende Tendenzen erkennbar. Zum erstenmal
seit einem dreiviertel Jahrhundert liegt einem Europa vom Atlan-
tik bis zum Ural wieder das gleiche Wertesystem zugrunde.[6] Die
gemeinsame Wertgrundlage wurde in dem im Juni 1990 verabschiedeten „Dokument des Kopenhagener KSZE-Treffens
über die Menschliche Dimension" und in der im November des
gleichen Jahres unterzeichneten „Pariser Charta für ein neues
Europa" fixiert. Die darin festgelegten Prinzipien werden nicht
mehr, wie bis 1989, unterschiedlich bis konträr interpretiert.
    Zur Europäisierung Osteuropas trägt der Westen aktiv bei.
Milliarden-Dollar-Programme sind aufgelegt worden, um Unterstützung für den Aufbau von Marktwirtschaft und Demokratie zu

leisten. Das reicht von einer nicht mehr überschaubaren Zahl privater Aktivitäten bis zu Währungsstützungskrediten durch die Weltbank.[7]

Renationalisierung I

Evident ist, daß gleichzeitig mit dieser Europäisierung Osteuropas auch eine Renationalisierung stattfindet. Die Ergebnisse sind partiell entsetzlich. In und zwischen früher kommunistischen Ländern findet eine Vielzahl von Konflikten bis hin zu militärischen Auseinandersetzungen und Bürgerkriegen statt. Diese Renationalisierung geht einher mit dem Tatbestand, daß die im 20. Jahrhundert in und nach zwei Weltkriegen, unter blutigsten Kämpfen und riesigen Opfern geschaffene europäische Ordnung massiv in Frage gestellt wird.

Als Begründung für die Revision der bestehenden territorialen Ordnung wird vielfach angeführt, Grenzen seien in der Vergangenheit ungerecht und ungerechtfertigt gezogen worden. Das freilich ist ein zweischneidiges Argument. Natürlich sind viele Grenzen in Europa noch nicht alt und oft je nach Interessen und Machtverhältnissen entstanden.[8] Aber in vielen Bereichen wird mit der Auflösung der bisherigen Ordnung bereits die Basis für zukünftige Konfliktlinien und Auseinandersetzungen geschaffen. Was heute in Bosnien-Herzegowina, in Moldawien, in Georgien, auf dem Kaukasus oder in einigen asiatischen Republiken der ehemaligen Sowjetunion passiert, wird das Verhältnis der dort lebenden Völker und Ethnien sowie der bestehenden oder zu bildenden Staaten für die nächsten Generationen negativ beeinflussen. Die Revision von heute ist auch schon wieder die Grundlage für ein erneutes Infragestellen der Grenzen morgen. Die neuen Grenzen werden noch jünger sein als die alten, auch ein Produkt der Machtverhältnisse darstellen und von denen, die sich benachteiligt fühlen, ebensowenig als legitim betrachtet werden.[9]

Das von neuem einsetzende *nation building* (St. Rokkan) im östlichen Teil des Kontinents ist verbunden mit einem Prinzip, das für diesen Teil Europas schon immer als problematisch erachtet worden ist: dem Prinzip des Nationalstaates. Die ost- und südosteuropäische Region ist, wie sich Rudolf Jaworski ausdrückt,

131

durch eine „nationale Gemengelage" charakterisiert.[10] In einer solchen Region Nationalstaaten zu etablieren, deren Gemeinwesen durch eine dominierende Ethnie definiert wird, kann entweder nur zu einer extremen Assimilierungspolitik und ethnischen Dauerkonflikten führen oder in nationalen Kleinst- und Zwergstaaten enden. Unter anderem war es ja gerade die Konsequenz aus diesem Dilemma, die im Jahr 1918 z. B. zur Gründung des gemeinsamen Königreichs der Serben, Kroaten und Slowenen geführt hat, dem Vorläufer Jugoslawiens.

Auf dem Gebiet des ehemaligen Jugoslawiens erweist sich wieder, daß die „einfache Lösung", die von einer der „Wahnideen des 20. Jahrhunderts", der nationalen Homogenisierung von Nationalstaaten[11] bzw. eindimensional vom Nationalstaat und vom Selbstbestimmungsrecht der Nationen ausgeht, ohne die Umfeldbedingungen zu berücksichtigen, in der Tendenz zu jener Art „Endlösung" neigt, die vor fünfzig Jahren in Deutschland und in der Sowjetunion praktiziert worden ist.

Die Auflösung der während der sowjetischen Dominanz gültigen Regeln für die bi- und multilateralen Beziehungen in Osteuropa waren die Voraussetzung für die Möglichkeit, daß die osteuropäischen politischen Eliten, die Völker und Ethnien ihrem Drang nach Selbstbestimmung und territorialer Eigenstaatlichkeit nachkommen konnten. Gleichzeitig ist das alte Regelwerk auswärtiger und internationaler Politik in diesem Raum nicht durch ein neues ersetzt worden. Die Neuordnung des Raums erfolgt mehr oder weniger anarchisch.

Der Kollaps der alten Ordnung und das politische und rechtliche Durcheinander, das diesen Kollaps begleitet, führen im östlichen Teil des Kontinents in eine Situation, die – in Anlehnung an Thomas Hobbes – in mancher Hinsicht einem Naturzustand gleicht. Im natürlichen Zustand, so Hobbes, hat jeder das verlokkende „Recht auf alles". Jeder, der die Macht dazu hat, kann alles tun, was er will und gegen wen er will.[12] Die Kriege in Südost- und Osteuropa, die Sezessionen, die Revisionsansprüche und die überall erkennbaren militärischen Vorbereitungen und Aufrüstungsmaßnahmen, die von der jeweiligen Seite getroffen werden, um Ansprüche und Konflikte positiv für sich entscheiden zu können, zeugen von der Realität dieses Naturzustandes.

Diese Situation hat Ralf Dahrendorf auf dem deutschen Historikertag Ende Oktober 1992 zusätzlich als Trend „zurück zu den Stämmen" charakterisiert. Die Kroaten in Jugoslawien, dann die Serben in Kroatien und dann wieder die Kroaten in den in Kroatien liegenden serbischen Siedlungsgebieten erklären sich jeweils für autonom und unabhängig. Sogar vergleichsweise größere Länder wie die Tschechische und die Slowakische Republik realisieren mit Bedauern, was der Verlust oder zumindest die Einschränkung des in den letzten siebzig Jahren geschaffenen Binnenmarktes bedeutet. Auch das Argument der nationalen oder ethnischen Unterschiedlichkeit konterkariert sich im Vergleich. Bayern und Schleswig-Holstein weisen in ihrer kulturellen Genese erheblich größere Diskrepanzen, Brüche und Eigenarten auf als die Slowakei und die tschechischen Länder. All dies scheint die Erfolge zu konterkarieren und für die Zukunft ungewiß zu machen, die seit 1989 in der Europäisierung des Kontinents erfolgt sind. Reale und potentielle ökonomische Erfolge scheinen untergraben zu werden und die neuen politischen Systeme Schaden zu erleiden. Die Renationalisierung scheint der wirtschaftlichen und politischen Integration zuwider zu laufen sowie Abgrenzung und Aufrüstung statt Abrüstung und mehr Sicherheit zu bedeuten.

In dieser Widersprüchlichkeit wird von vielen westlichen Politikern und Kommentatoren die gegenwärtige Entwicklung in Osteuropa perzipiert. Ergänzt wird diese Darstellung durch den Verweis auf das Zusammenwachsen und – trotz aller gegenläufigen Tendenzen – eine zunehmende Integration in Westeuropa.

Die Realität ist doch ein wenig komplizierter.

Renationalisierung II

Zweifellos gibt es Erfolge in der Integration der westeuropäischen Länder. Selbst wenn Maastricht nicht zur Gänze realisiert wird, so ist die Vertiefung des Binnenmarktes und sind verschiedene andere Maßnahmen und Entwicklungen in Westeuropa eindeutig auf eine stärkere Verflechtung gerichtet, zumal absehbar ist, daß in Kürze weitere EFTA-Länder zu Vollmitgliedern der Europäischen Union werden.

Ebensowenig aber gibt es Zweifel daran, daß sich auch der Westen renationalisiert. Diese Renationalisierung manifestiert sich in den unterschiedlichsten Symptomen. Fremdenfeindlichkeit, Antisemitismus, Rechtsradikalismus, Rassismus ist die eine Dimension. Die Verschärfung des Streits zwischen den EU-Partnern über die unterschiedlichsten Komplexe der EU-Politik ist eine weitere Dimension. Es fängt bei der gemeinsamen Währung an und hört auf bei der Politik gegenüber dem ehemaligen Jugoslawien. Die Intensivierung der Auseinandersetzung zwischen der EU und anderen Wirtschaftsblöcken ist eine dritte Komponente. Dieses Verhalten wurzelt in national-orientierten Motiven.

Die Ursachen sind komplex. Die westeuropäischen Länder sehen sich nicht nur einer plötzlichen Kumulation von Problemen im Osten gegenüber, sondern auch schärfer werdenden ökonomischen und sozialen Problemen in den eigenen Gesellschaften. Darüber hinaus wird spürbar, daß die weltwirtschaftliche Situation in absehbarer Zukunft keine erweiterten Verteilungsspielräume eröffnet.

Außerdem sind nach dem Ende des Ost-West-Konflikts in seiner traditionellen Form und den ökonomischen Schwierigkeiten in den USA Tendenzen eines partiellen Rückzugs der westlichen Vormacht aus Europa unverkennbar. Das Interesse der USA an Europa lag in der Nachkriegszeit vor allem in der generell-ordnungspolitischen sowie in der strategischen Dimension.[13] Die Voraussetzungen für dieses Interesse haben sich erheblich gewandelt.

Damit ist auch die Zeit einer relativ einheitlichen westlichen Außenpolitik und Sicherheitspolitik gegenüber dem Osten dahin. (*Den Osten* gibt es gar nicht mehr.[14]) Der ordnungspolitische Dissens – eine der Grundkonstanten des Ost-West-Gegensatzes und des Engagements der USA – hat sich mit dem Kommunismus aufgelöst. Und der globale Wettstreit zwischen den Supermächten – zweite Grundkonstante – ist mit der Sowjetunion und dem Warschauer Pakt eliminiert worden. Statt dessen hat eine Diversifikation der Probleme, Interessen und Politiken eingesetzt, die weder mit der Zweitschlagskapazität noch mit der Strategie der *flexible response* in den Griff zu bekommen sind.

Die Polarisierung im Westen wird noch akzentuiert vor dem

Hintergrund der neuen Stellung und der neuen Rolle, die Deutschland seit der Vereinigung innehat. Es ist offenkundig, daß politische Entscheidungen in Erwägung der Frage gezogen werden, ob die Folgen einen Machtzuwachs jenes Landes bedeuten, das nunmehr ein Viertel der Bevölkerung der EU ausmacht und ein Drittel ihres Sozialprodukts bereitstellt. Unverhohlen begründet die französische Führung ihre Ablehnung einer EU-Erweiterung nach Osten mit der Angst vor einer Stärkung der deutschen Position um deren „traditionelles Einflußgebiet", das sich unter den neuen Bedingungen nun wieder dem deutschen Kapital und der deutschen Kultur öffnet.[15] Umgekehrt plädiert die englische Regierung für eine Erweiterung der Gemeinschaft um möglichst viele Länder nicht zuletzt mit dem Hinweis, sie erwarte sich eine Relativierung deutschen Einflusses, wenn mehr Akteure auf die Bühne treten und ihre Interessen einbringen.[16]

Die westlichen Länder und das westliche Bündnis haben plötzlich mit Konflikten zu tun, die die Dominanz der Supermächte in ihrer jeweiligen Einflußsphäre bis 1990 weitgehend ausschloß. Im Balkankonflikt sind neben der NATO als Bündnisorganisation schon jetzt in dieser und jener Weise auch die NATO-Mitglieder Türkei und Griechenland als individuelle Akteure involviert, und zwar in mehr oder weniger großer Divergenz zu anderen Mitgliedstaaten der Allianz. In der Auseinandersetzung zwischen Armenien und Aserbaidschan ist die Türkei zumindest indirekt an der Kriegführung beteiligt. Plötzlich stellen die Mitgliedschaft der Türkei in der NATO und das Interesse des Westens an einer Eindämmung des Fundamentalismus für die türkische Führung einen Bonus dar, den Ankara offenkundig für eine Ausdehnung des eigenen Einflusses zu nutzen sucht und über Empfindlichkeiten anderer NATO-Partner und eingegangene Verpflichtungen hinwegsehen läßt. Beispiele sind der Einsatz deutscher Waffen bei der Niederschlagung der kurdischen Autonomiebewegung oder das militärische Überschreiten der irakischen Staatsgrenze, wenn die türkische Führung dies für notwendig erachtet.

In Europa verschiebt sich die Tektonik der Macht, neue Bündniskonstellationen entstehen. Viel stärker als je zuvor in den vergangenen vierzig Jahren treten nationale Interessen und Strategien gerade dort in den Vordergrund, wo die Geschichte und –

militärisch gesprochen – „der Raum" wieder offen sind. Diese Entwicklung gewinnt eine Eigendynamik, die die Tendenz zur Differenzierung auch innerhalb des westlichen Bündnisses verstärkt.[17]

Es ist offenkundig, daß bei allen NATO-Mitgliedern seit dem Ende des Kalten Krieges eine Verlagerung der außen- und sicherheitspolitischen Prioritätensetzung erfolgt. Der reale Bedeutungsverlust, den die Nordatlantische Allianz für ihre Mitglieder mit dem Ende der Sowjetunion und des Warschauer Pakts erfahren hat, und die Polarisierung sowie die Renationalisierung der Außenpolitik, die vor dem Hintergrund der neuen europäischen Probleme erfolgt, höhlen die NATO nolens volens aus. Die hauptsächliche Geschäftsgrundlage, die Abwehr der kommunistischen Gefahr und der sowjetischen Expansion, ist entfallen. Mit den neuen Problemkonstellationen in Europa und dem infolge des Niedergangs des kommunistischen Imperiums entstandenen Vakuum in Zonen von eminenter ökonomischer, politischer und strategischer Bedeutung hat sich die Basis für außen- und sicherheitspolitisches Handeln verändert.[18] Darüber kann das Engagement der NATO weder im Golfkrieg noch auf dem Balkan hinwegtäuschen. Rußland wird aufgrund innerer Zerrüttung – ob mit oder ohne Nationalistenführer Shirinovskyi – in den westlichen Kommandozentralen für absehbare Zeit als keine reale Gefahr für den Westen erachtet.

Somit ändert sich auch das Verhältnis zwischen den USA und Westeuropa. Der sowjetische Grundpfeiler, der dieses Verhältnis in der Nachkriegszeit determiniert hat, ist weggebrochen. Die Gewichte in dieser Verbindung verlagern sich weg von der militärischen Komponente. Dafür treten die wirtschaftlichen Dimensionen des euro-amerikanischen Verhältnisses wieder stärker in den Vordergrund. Und damit gewinnt auch der alte Streit an Bedeutung, der in der Handelspolitik zwischen den beiden ökonomischen Blöcken Nordamerika und Westeuropa seit langem schwelt und immer wieder aufbricht. Er wird jetzt kaum mehr überdeckt von der Dominanz sicherheitspolitischer Anliegen.[19]

Selbstverständlich konterkariert auch diese Entwicklung jene potentielle Europäisierung, die sich im Jahr 1989 – oder richtiger: seit der Umorientierung der sowjetischen Politik im Jahr

1985 – anzubahnen schien. Sie konterkariert die positiven Ansätze der Europäisierung im Sinne integrativer Bestrebungen, die
von Osteuropa ausgehen. Und sie verstärkt gleichzeitig die des-
integrativen Tendenzen im Osten. Die Abgrenzungen von seiten
westlicher Länder haben entsprechende Reflexe im Osten zur
Folge. Angefangen in Ljubljana, wo man mit der Forderung nach
Grenzrevision in Istrien durch italienische Extremisten konfrontiert ist, endend in Moskau, wo die ablehnende Haltung der
NATO-Mitglieder gegenüber dem Anliegen um eine sicherheitspolitische Integration in gesamteuropäische Strukturen wieder
diejenigen erstarken läßt, die auf die Wiedererrichtung einer
Großmachtstellung Rußlands durch eine traditionelle, die militärische Stärke und das expansive Vorgehen betonende Politik
abzielen.

Renationalisierung III

Aber auch diese Beschreibung reflektiert nur einen Teil der Realität. Renationalisierung wurde in der bisherigen Darstellung negativ charakterisiert und perzipiert. Die postkommunistische Wirklichkeit sieht aber so aus, daß eine Renationalisierung in einem
bestimmten Sinne nicht nur „natürlich", sondern notwendig ist.
Natürlich ist sie deswegen, weil die in den vergangenen Jahrzehnten in Osteuropa entstandene Supranationalität weder freiwillig
noch funktionell war. Notwendig ist sie, weil sie die Voraussetzung für den Aufbau funktionierender Gesellschaften darstellt.
Ohne Renationalisierung – was eben Eigenstaatlichkeit und
Selbstbestimmung beinhaltet – ist Identitäts- und Legitimitäts-
bildung nicht möglich. In diesem Sinne ist *Renationalisierung*
gleichbedeutend mit *Resouveränisierung*.
    Hier ist es notwendig, auf die Differenz zwischen Eigenstaat-
lichkeit und Nationalstaat hinzuweisen. Das Vermischen und
Verwechseln dieser beiden Kategorien trägt wesentlich bei zur
Konfusion, die im Diskurs wie in der Politik in dieser Frage
herrscht. Mit dem Prinzip des Nationalstaates gerade in dieser
Region auch das Prinzip der Staatlichkeit überhaupt zu verurteilen, ist ebenso konterproduktiv wie die Verabsolutierung von
Staatlichkeit in der Kategorie des Nationalstaates.

Denn: Der Staat ist umso notwendiger, je „unterentwickelter"
eine Gesellschaft ist, die zu den „weiter entwickelten" Nationen
und Staaten aufschließen will. Erst aufgrund relativ fortgeschrit-
tener innerer Entwicklung und darauf aufbauender integrativer Verflechtung erfolgt in bestimmten Bereichen eine Übertragung von Funktionen und Loyalitäten auf überstaatliche
Institutionen und Strukturen, wie wir dies von Westeuropa kennen.[20] In den postkommunistischen Ländern ist überhaupt erst
eine endogene Basis für einen solchen Integrationsprozeß zu
schaffen.

Der Staat hat in den postkommunistischen Ländern sogar eine
herausgehobene Rolle und Funktion: und zwar wegen des Fehlens
„ziviler" ökonomischer und sozialer Ressourcen. Das Problem
der Schwäche einer zivilen Gesellschaft (im Sinne Max Webers)
wurde in vierzig bzw. siebzig Jahren Kommunismus noch besonders verschärft. Für den inneren Aufbau ergibt sich daraus eine
spezifische Komplikation, weil die Rekonstruktion der Gesellschaft gerade die Entstaatlichung und die Dezentralisierung erfor-
dert. Dies aber ist eine Thematik, die hier nicht zu vertiefen ist. Für
die Forschung wie für die Politik ist darüber hinaus das ebenso
schwierige Problem des Verhältnisses von zentraler staatlicher
Macht und Föderalismus in postkommunistischen Gesellschaften
aufgeworfen.[21]

Die Probleme der postkommunistischen Länder können nicht
einfach von außen und durch Integration gelöst werden. Das
Prinzip der Subsidiarität[22] gilt ja nicht nur im innerstaatlichen und
-gesellschaftlichen Bereich, sondern und gerade auch für die Subjekte der internationalen Gemeinschaft. Und diese Subsidiarität ist
nicht zu realisieren ohne die Eigenstaatlichkeit von Gesellschaften.

Ohne Eigenstaatlichkeit gibt es keine Rekonstruktion, und
ohne Rekonstruktion gibt es keine für integrative Prozesse notwendige Herstellung von relativer Symmetrie der Systeme. D. h.
ohne Eigenstaatlichkeit gibt es auch keine *Integration* in größere
regionale oder überstaatliche Zusammenhänge, sondern höchstens *Subordination*. Das erfolgreiche Nutzen von Staatlichkeit,
um einen nachholenden Entwicklungsprozeß in Gang zu setzen,
ist Integrationsvoraussetzung.[23]

Gleichzeitig sind die ökonomische Hilfe und die Einbindung Osteuropas in funktionierende regionale Wirtschaftszusammenhänge aufgrund der von der Geschichte und vom Kommunismus hinterlassenen Defizite Bedingung für eine erfolgreiche nachholende Entwicklung. Darauf soll an dieser Stelle ebenfalls nicht weiter eingegangen, vielmehr wieder das damit zusammenhängende Problem benannt werden, nämlich das des Verhältnisses von binnenökonomisch-eigenstaatlicher Entwicklung und weltwirtschaftlicher Integration.

Auch aus der entwicklungspolitischen Dimension also begründet sich die Notwendigkeit des Selbstbestimmungsrechts. Das Selbstbestimmungsrecht ist die Voraussetzung für die Identifikation in einer gesellschaftlichen Einheit, und ohne diese Identifikation ist eine gesellschaftliche Modernisierung kaum durchzuführen. Modernisierung, Selbstbestimmungsrecht, Staatlichkeit und Identität sind Aspekte eines Prozesses forcierter gesellschaftlicher Entwicklung. Mit eben solchen Prozessen haben wir es gegenwärtig in den Nachfolgestaaten des „Ostblocks" zu tun.[24]

In diesem Kontext ist auch der Nationalismus zu verorten. Heinrich August Winkler wie auch Ernest Gellner[25] haben auf die Modernisierungsdimension desselben hingewiesen. Der Nationalismus trete immer dort auf, wo eine Gesellschaft vor einem neuen Modernisierungssprung stehe. Tatsächlich hat der Nationalismus in diesem Zusammenhang drei Funktionen: eine Sammlungs-, eine Mobilisierungs- und eine Kompensationsfunktion. Er soll die Kräfte für die anstehende Modernisierung sammeln, er soll die Gesellschaft für die mit der Modernisierung verbundenen Ziele mobilisieren, und er soll die Gesellschaft oder Teile derselben für die zu erleidenden Verluste entschädigen.

Teilweise gestalten sich Modernisierung und Identitätsgewinnung deswegen so schwierig und konfliktreich, weil die Identifikations- und Mobilisierungseffekte des „Modernisierungsnationalismus" sich – fast, so scheint es, unvermeidlich – verbinden mit abgrenzenden, aggressiven, atavistischen Einstellungen und Verhaltensmustern. Außerdem geht er einher mit dem nostalgischen Nationalismus jener, die sich solcherart gegen jene Konsequenzen der Modernisierung zu wehren versuchen, die ihre Position beeinträchtigen.[26]

Gerade in Regionen einer „nationalen Gemengelage" ergibt sich so ein kaum zu entwirrendes, widersprüchliches und einander durchdringendes Bündel von unterschiedlichen Gefühlen, Motiven, Tendenzen, politischen Ambitionen. Dazu kommt, daß gerade in einer solchen Situation der Nationalismus als Herrschaftsinstrument Hochkonjunktur hat. Postrevolutionäre Eliten regieren in der Regel auf Schleudersitzen. Im Vakuum zwischen dem Zusammenbruch der alten Ideologie und des alten Systems und dem Verlust der Hoffnungen und Erwartungen, die mit dem Umbruch von seiten der Mehrheit der Bevölkerung verbunden gewesen waren, hat auch die Legitimation neuer Eliten wenig Bestand, zumal das politische System fragil und das neue Wertesystem nur schwach verankert ist.[27]

Der Nationalismus ist offenbar vielfach für beide Seiten, für breite Schichten der Gesellschaft wie für politische Eliten, ein attraktives Mittel, um das entstandene Vakuum zu füllen. Dies ist umso mehr der Fall, als auch die Opposition in den betreffenden Ländern aus ähnlichen Motiven sich nicht selten gerade über nationalistische Forderungen und entsprechende Kritik an der herrschenden Führung zu profilieren sucht.

So droht der notwendige Staatspatriotismus ständig in ethnischen Chauvinismus umzuschlagen.

Fazit: Es stimmt, daß zum Beispiel die Loslösung Sloweniens eines der auslösenden Momente für jene Entwicklung war, die Jugoslawien seither genommen hat. In diesem Zusammenhang kann man auch die Politik der deutschen wie der österreichischen Bundesregierung verurteilen, die die Ablösung Sloweniens und Kroatiens aus dem jugoslawischen Staatsverbund massiv unterstützt haben. Andererseits stellt sich die Frage, ob sich in Slowenien überhaupt eine funktionierende Ökonomie und eine legitimierte politische Führung etablieren könnte, wenn diese Republik nicht ihre Eigenstaatlichkeit bekommen hätte.

Damit relativiert sich zumindest die Bedeutung, die die Bonner bzw. Wiener Politik für diese Prozesse gehabt hat. (Gleichwohl war es falsch, ohne Rücksicht auf die entstehenden Folgen die Anerkennung auszusprechen, ohne zuerst ein klares Programm für die weitere Entwicklung in diesem Raum entworfen und konsensfähig und damit praktikabel gemacht zu haben. Falsch war von seiten Bonns auch, diese Anerkennung ohne Absprache mit den Partnern in der EG vorzunehmen und die anderen faktisch zum Nachziehen zu nötigen, was die Tendenzen einer Renationalisierung in Westeuropa zusätzlich verstärkt hat.) Aber wäre es in Jugoslawien wirklich anders gekommen bei einer anderen bundesdeutschen oder auch europäischen Außenpolitik?

Möglicherweise wäre es richtiger gewesen, wenn die EG mehr wirtschaftliche Hilfe angeboten, noch stärker auf den Erhalt des Staates, auf das Durchsetzen und Einhalten weitgehender Volksgruppen- und Minderheitenrechte sowie auf eine Föderalisierung etwa nach dem Schweizer Modell gedrungen hätte, in welchem eine Majorisierung von Volksgruppen durch eine wie groß auch immer geartete einzelne ethnische Gruppe ausgeschlossen ist. Aber ob diese Politik mehr gebracht hätte als die Politik der Anerkennung, erscheint zweifelhaft. Und zwar nicht nur, weil kaum ein Konsens in diesen Fragen in Jugoslawien selbst hätte herbeigeführt werden können, weil sich die ökonomische Lage verschlechterte, weil sich die sozialen Gegensätze verschärften, weil sich die politischen Frustrationen vertieften und weil die Hilfe, die die EG hätte anbieten können oder wollen, niemals so groß gewesen wäre, als daß dies zum entscheidenden Hemmnis in diesem Konflikt geworden wäre.

Was sich in Jugoslawien abspielt, deutet auf noch ganz andere Dimensionen, auf andere Ursachen für den Kriegsausbruch und die Kriegsentwicklung hin. Dieser Krieg wird in einer Weise geführt, daß die Kritik an diplomatischen Maßnahmen als (im Freudschen Sinne) rationalisierende Erklärungshilflosigkeit erscheint.

Den Beweis für diese These liefert die Tschechoslowakei. Dieser Staat hat sich aufgelöst, obwohl die Unterschiede zwischen den beiden Volksgruppen erheblich geringer sind als die zwischen den in Jugoslawien lebenden Ethnien. Die ČSFR hat sich aufgelöst, obwohl die Divergenzen ökonomischer, politischer, sozialer und kultureller Natur zwischen den beiden Landesteilen ungleich geringer sind als in den ehemaligen jugoslawischen Republiken. Sie hat sich aufgelöst, obwohl bereits der ganze Staat mit der EG assoziiert war und die EG diesem Land die größten Chancen unter allen postkommunistischen Ländern einräumte, bald Vollmitglied der Gemeinschaft zu werden. Sie ist auseinandergebrochen, obwohl alle westeuropäischen Regierungen wie alle internationalen Organisationen sich klar und deutlich gegen eine Auflösung der ČSFR ausgesprochen haben.[28]

Revolution I und II

Es ist ganz offenkundig, daß mit Blick auf die stattfindende Renationalisierung und die daraus folgenden Konsequenzen oder mit Blick auf die damit zusammenhängenden Erscheinungen in Osteuropa noch andere Mechanismen wirksam sind als jene theoretischen und rationalen Kategorien, mit denen wir die Entwicklung erstens zu bewerten und zweitens zu steuern versuchen.

So wie die Revolution in den ehemals kommunistischen Ländern im Jahr 1989 nur die erste Phase der Revolution darstellte, der die Umwälzung in Politik, Wirtschaft und Gesellschaft erst in einem langwierigen Prozeß folgt, so scheint mir, daß auch bezogen auf ganz Europa erst die Revolution Teil I stattgefunden hat. Es liegt sogar nahe, anzunehmen, daß die gesamteuropäische Revolution noch hinter der in Osteuropa herhinkt. Auf einer Tagung in Berlin teilte der Budapester Sozialwissenschaftler Máte Szábo die Phänomene der Revolution in drei Phasen ein: Krise des alten Systems, unmittelbarer Umbruch und Institutionalisierung des neuen Systems.[29] Die Revolution in den osteuropäischen Ländern habe die Phase II nur im Bereich der politischen Institutionen und des Elitenaustauschs auf höchster politischer Ebene erreicht. Alle anderen gesellschaftlichen Bereiche befänden sich mehr oder weniger noch in der ersten Phase, nämlich der der Krise. Die neueren Entwicklungen in Europa zeigen m. E., daß es sich mit der Revolution, die auf gesamteuropäischer Ebene im Gefolge der Umwälzungen im Osten des Kontinents und der Renationalisierung des Kontinents als Ganzes stattfindet, nicht viel anders verhält. Und es ist bekannt, daß vor allem die dritte Phase der Revolution, die umfassende Umwälzung des ökonomischen, politischen und sozialen Systems, die Emanzipations-, Modernisierungs- und identitätsbildenden Prozesse mit ganz erheblichen Friktionen verbunden sind.[30]

In Osteuropa sind diese Friktionen umso größer, als dort nicht nur für Jahrzehnte Diktatur herrschte und der Rückstand gegenüber den westeuropäischen Ökonomien riesig ist, sondern auch noch ein Erwartungspotential da ist, das sich auf Westeuropa richtet, auf die Region mit dem höchsten Lebensstandard in der Welt und – im Vergleich zum Osten – wunderbar funktionierenden politischen und sozialen Systemen. So gewaltig und in ihren historischen Dimensionen ungeheuerlich die Revolution ist, die sich da am Ausgang des 20. Jahrhunderts in Europa abspielt, so gewaltig sind die Erwartungen, die sich damit verbinden, und umso größer sind auch die Enttäuschungen, die die unvermeidliche Desillusionierung mit sich bringt.

Die Revolutionen in den kommunistischen Ländern waren in der Tat zum größten Teil gewaltlos. Darüber war man 1989 sehr stolz. Aber dies war, so scheint es, nur die erste Phase der Umwälzung. Der Umbruch (und damit der neue europäische Aufbruch) setzt sich fort, im ehemaligen Jugoslawien, in den Nachfolgestaaten der Sowjetunion, aber auch in westlichen Ländern, denkt man etwa an das sezessionistische Programm der *Lega Nord* in Norditalien. Wir stehen erst am Anfang der europäischen Revolution. Welches Risiko das birgt, was da seit 1989 freigesetzt wird, ist in seinen Dimensionen vermutlich noch gar nicht erkannt, geschweige in eine politische Strategie umgesetzt worden.

Europäisierung II

Europäisierung im Sinne der westeuropäischen Entwicklung nach dem Zweiten Weltkrieg, einer Aussöhnung und politischen Integration der Völker, eines gutnachbarlichen Zusammenlebens, einer relativ symmetrischen Entwicklung und Integration der Ökonomien, einer gewissen Überwindung von Nationalstaatlichkeit und Nationalismus, einer relativ einheitlichen Außen- und Sicherheitspolitik, eines systematischen Bemühens um eine Vertiefung der Integration, einer Supranationalisierung – dies alles fand statt in einer Zeit, *da Europa nicht souverän war*.[31] Tatsächlich wurde der Nationalismus in Westeuropa in der Nachkriegszeit vor allem durch drei Faktoren eingedämmt: eine für große Bevölkerungskreise auf dem westlichen Teil des Kontinents kontinuierliche Prosperität, einen gemeinsamen äußeren Feind Kommunismus, der nationalstaatliche Ambitionen in den Hintergrund treten ließ und den Westen einte, sowie eine institutionelle An- und Einbindung der westeuropäischen Länder in quasi-supranationale Strukturen bei eindeutiger Dominanz einer Führungsmacht.

Der Wegfall oder die Beeinträchtigung einiger Teile dieser Voraussetzungen läßt in Westeuropa ganz offenkundig nationale Divergenzen wieder stärker werden. Europa war nach dem Zweiten Weltkrieg vierzig Jahre lang gewissermaßen *supranationalisiert* – ein Zustand, dessen Ende man in den Jahren 1989 und 1990 bejubelte. Aber diese Enteuropäisierung Europas nach 1945 war das Ergebnis einer vorangegangenen eigenständig-europäischen Entwicklung, die zweimal in diesem Jahrhundert in die Katastrophe geführt hat. Seit 1985 resouveränisiert sich Europa wieder, es „europäisiert" sich. Und mit der Europäisierung tauchen auch wieder die traditionellen Nationalismen, Konfliktlinien, Auseinandersetzungen auf, die der Historiker Rudolf Jaworski für die europäische Geschichte als typische Merkmale beschreibt.[32] Sie tauchen auf in dem Augenblick, da die Dominanz der Supermächte weggefallen ist und die Europäer selbst entscheiden können, wie sich ihre gesellschaftlichen Ordnungen, ihr Zusammenleben und ihr Umgang miteinander gestalten.

„Europäisierung" hat noch eine ganz andere Bedeutung als eingangs vorgestellt. Rudolf Jaworski hat im Zusammenhang mit der Mitteleuropadebatte über die Werte europäischer Kultur und das große Erbe der Geschichte dieses Kontinents darauf schon vor einigen Jahren hingewiesen. Die Tragödie Europas hat nicht mit der Existenz der Sowjetunion oder mit der Teilung des Kontinents in der Folge von Jalta begonnen. Europa, zumal das Zentrum, war schon immer eine ausgeprägte Krisenzone. Von diesem Zentrum haben zwei Weltkriege ihren Ausgang genommen. Nicht der Kommunismus, der Faschismus oder die Siegermächte haben Europa zerstört, nicht die Großmächte hatten schuld an der Aufteilung des Kontinents. Seit dem 19. Jahrhundert, so Jaworski, ist Europa ein „Hauptkampffeld nationaler Antagonismen".[33] Schon im letzten Jahrhundert ist die Durchsetzung des jeweiligen nationalen Interesses und der nationalen Emanzipation auf

Kosten der jeweiligen Nachbarn erfolgt, und das hat sich im 20. Jahrhundert nicht geändert.[34]

Europa ist nicht von außen zerstört worden. Die Geschichte Europas ist von Mißtrauen, Dissonanzen, nationalistischem Gegeneinander, offenen und versteckten Konflikten viel mehr gezeichnet als von Einheit, Zusammenhalt und einer gemeinsamen, positiven Wertgrundlage.

Aus dieser historischen Perspektive betrachtet, bekommt der Begriff „Europäisierung", wie bemerkt, noch einen anderen Inhalt als eingangs benannt.

Europäisierung I oder Europäisierung II?

Damit sind wir beim Bindewörtchen „oder" im Titel dieser Ausführungen angelangt: Renationalisierung im Sinne einer Jugoslawisierung im Osten und einer Renationalisierung und abgrenzenden politischen Entwicklung auch im Westen *ist* Europäisierung in dem Sinne, wie Jaworski es beschrieben hat. Diese Art Europäisierung widerspricht derjenigen, die als politisches Ziel formuliert wird: Demokratie, Offenheit, Verflechtung, Integration, friedlicher Ausgleich von Interessen.[35] Renationalisierung im Sinne einer Wiedergewinnung von Staatlichkeit und Identität (Resouveränisierung) im Osten wiederum ist notwendig, um eine Europäisierung im Sinne dieser Zielsetzung in Gang zu bringen.

Doch geht diese Resouveränisierung offenkundig mit den negativen Aspekten der Renationalisierung einher. Gleichzeitig ist die Resouveränisierung Voraussetzung und Bedingung für das Erreichen eines höheren Grades an Integration.

Was ist angesichts des Dilemmas zu tun? Notwendig ist eine neue europäische Integrationspolitik, darüber sind sich alle einig. Sowohl für die Politik der westlichen Länder und deren Organisationen als auch für die gesamteuropäischen Institutionen ist ein neues Programm, eine neue Geschäftsgrundlage zu schaffen, die zur Leitlinie für politisches Handeln wird. Ob das gelingt, ist bei der Diversifizierung der Probleme und der unterschiedlichen nationalen Betroffenheit sowie den divergierenden nationalen Strategien, die eingeschlagen werden, fraglich.

Die Geschäftsgrundlage hat eine Antwort auf die zentralen Friedensgefahren in Europa darzustellen. Diese Gefahren sind erheblich komplexer geworden. Sie haben aber vor allem folgende, miteinander zusammenhängende Ursachen, die eben vielfach auf die Entwicklung in Mittel- und Osteuropa zurückzuführen und schon weiter oben benannt worden sind: die Verschlechterung der ökonomischen und sozialen Lage beim Übergang von der Plan- zur Marktwirtschaft in den postkommunistischen Ländern; das Infragestellen bestehender Grenzen; expansionistische und revanchistische Bestrebungen; eine Renationalisierung in der Innen- und Außenpolitik der europäischen Staaten; sowie schließlich das Fehlen institutionalisierter Regelungs- und Sanktionsmechanismen, die eine friedliche Austragung von Konflikten garantieren.

D. h. um den Frieden heute in Europa zu sichern, müßte auf drei Ebenen gehandelt werden. Erstens wäre ein umfassenderes Hilfsprogramm für die Rekonstruktion der postkommunistischen Systeme bereitzustellen. Diese müßten zweitens institutionell sowohl ökonomisch als auch politisch und sicherheitspolitisch möglichst eng an die beiden Grundpfeiler europäischer Stabilität und europäischer Integration und Supranationalität angebunden werden, nämlich an EU und NATO. Dieser wirtschaftlichen und sicherheitspolitischen Einbindung wäre ein verbindlicher Wertekatalog zugrunde zu legen, der die Achtung der Menschen-, Volksgruppen- und Minderheitenrechte und die ausschließlich friedliche Austragung von Konflikten bei Akzeptanz einer europäischen oder internationalen Schiedsgerichtsbarkeit beinhaltet.[36]

Das ist weder originell – von diesen Prämissen geht der vorliegende Beitrag aus –, noch ist es so, daß die Politik das Problem verkennen würde. Tatsächlich gibt es in allen drei Bereichen eine Reihe von Fortschritten und Initiativen. Tatsache ist aber auch, daß einer dem Problemumfang entsprechenden Realisierung eines solchen Programms eine ganze Reihe von nationalen bzw. westeuropäischen Interessen entgegensteht. Dies sowie die Erfahrungen der vergangenen drei Jahre seit dem Umbruch in Europa begründen die Skepsis an der für eine befriedigende Entwicklung ausreichenden Umsetzung notwendiger Maßnahmen:

– Die Aufwendungen für „den Osten" sind nur zu einem Bruchteil „Hilfe zur Selbsthilfe". Sie sollen vor allem den westlichen Export und damit die westlichen Ökonomien durch Exportbürgschaften sichern.[37]

– Die stärkere Einbindung der postkommunistischen Länder in die EU würde eine gewisse Umverteilung zwischen dem reichen Westen und dem armen Osten Europas voraussetzen. Die Verhandlungen und die getroffenen Vereinbarungen über die Assoziation Polens, der Tschechoslowakei (bzw. der Nachfolgestaaten) und Ungarns haben gezeigt, wie gering die Bereitschaft dazu ist.[38]

– Auch die Bereitschaft einer sicherheitspolitischen Integration ist eher beschränkt. 1990 war NATO-Generalsekretär Manfred Wörner überzeugt, die neue Ära biete „eine historische Chance der Überwindung des Krieges, der Zusammenführung der europäischen Staaten in einem stabilen Sicherheitssystem".[39] Drei Jahre später sieht Wörner die Welt doch anders. Europa sei viel unsicherer geworden, die Gefahr von Kriegen erheblich gewachsen. Eine Aufnahme neuer Mitglieder in die NATO komme nicht in Frage. Was die „Partnerschaft für den Frieden" bringt, die das atlantische Bündnis auf dem NATO-Gipfel im Januar 1994 angeboten hat, wird die Zukunft zeigen.

– Auch die notwendige verbindliche Normsetzung und das Akzeptieren einer internationalen Gerichtsbarkeit in den benannten Fragen ist nicht in Sicht. Weder begibt sich London seiner Souveränität in bezug auf Irland noch Spanien in bezug auf die Basken oder Frankreich hinsichtlich der Korsen. Und es ist auch nicht davon auszugehen, daß die Türkei die Kurdenfrage einer internationalen Schiedsgerichtsbarkeit überläßt.

Dabei sind neben der prinzipiellen Anerkennung der genannten Spielregeln deren institutionelle Absicherung sowie die glaubhafte Drohung mit Sanktionen für die, die sie verletzen, die einzige Möglichkeit, den negativen Trends in Europa Einhalt zu gebieten. Es geht um einen europäischen Leviathan, der die Freiheit der einzelnen gegen die Übergriffe von anderen garantiert. Anstatt von einer umfassenden gemeinsamen Außenpolitik in einer bundesstaatlichen Europäischen Union zu träumen, sollte man die Durchsetzung der wenigen, aber zentralen genannten Prinzipien institutionalisieren, die nötig wären, um die gravierendsten Konflikte und sicherheitspolitischen Gefährdungen in Europa in den Griff zu bekommen.

Statt dessen werden von der einen wie von der anderen Seite jene Absichtserklärungen zitiert und bekräftigt, die die genannten Prinzipien zwar aufführen: das bereits angeführte, im Juni 1990 verabschiedete „Dokument des Kopenhagener KSZE-Treffens über die Menschliche Dimension" und die im November des gleichen Jahres unterzeichnete „Pariser Charta für ein neues Europa".

Die Werte und Prinzipien sind längst von allen Beteiligten bei den unterschiedlichsten Anlässen paraphiert, ratifiziert und sogar selbst vorgeschlagen worden. Vor den Konsequenzen einer institutionellen Absicherung und Durchsetzung und ihren Implikationen scheut man zurück. Statt dessen verweist man auf ein mit einigen wenigen Personen ausgestattetes Europäisches Konfliktverhütungszentrum und den Europarat und die KSZE und den NATO-Kooperationsrat und andere Foren, die sich vor allem durch die Kompetenz auszeichnen, Diskussionen führen, Deklarationen verabschieden und feierliche Bekenntnisse abgeben zu können.

Die KSZE verfügt weder über Sanktions- noch über „positive" Anreizinstrumente und damit auch nicht über reale Möglichkeiten, ihre Mitglieder zur Wahrung geforderter Prinzipien und eingegangener Vereinbarungen zu veranlassen. Die KSZE ist gewissermaßen ein Produkt des Kalten Krieges, geboren zwar in der internationalen Tauwetterperiode der ersten Hälfte der siebziger Jahre, aber dennoch nur ein Forum, eingerichtet für die *Kommunikation* zwischen zwei sich gegenüberstehenden Blocksystemen. Ihre sicherheitspolitische Integrationswirkung ist gerade unter desintegrierten und fragmentierten Voraussetzungen entsprechend gering. Die Vereinten Nationen verfügen zwar über ein beschränktes Sanktionsinstrumentarium, das aber nur in Ausnahmefällen wirksam werden kann. Auch für das im Rahmen der Vereinten Nationen errichtete System der kollektiven Sicherheit gilt, was das horizontal strukturierte internationale System generell prägt: Seine Regeln verweisen es weitgehend auf zwischenstaatliche Zusammenarbeit.[40] Die Geschichte der regionalen und internationalen Konflikte und lokalen und regionalen Kriege seit der UNO-Gründung im Jahr 1945 veranschaulichen dies schlagend.

Es stellt sich heraus, daß es relativ einfach war, den Kommunismus zu bekämpfen. Nun, da der äußere Feind weg ist und die Europäer wieder mit jenen Feinden zu kämpfen haben, die in und zwischen ihren Gesellschaften seit Jahrhunderten wirksam sind, drohen sie – nicht zum erstenmal – an ihren ureigenen Schwierigkeiten zu scheitern.

Paradoxerweise ist es nicht zuletzt der Westen, der die Chancen verspielt, die für Europa aus dem Umbruch und dem Zusammenbruch des Kommunismus erwachsen. Eine ganze Reihe mittel- und osteuropäischer Länder würde heute den genannten Normenkatalog und eine internationale Schiedsgerichtsbarkeit akzeptieren, wenn dafür im Gegenzug eine Sicherheitsgarantie und Wirtschaftshilfe angeboten (und zugleich davon abhängig gemacht) würden. Dies würde nicht nur bestehende Konfliktsituationen entschärfen und eine Zahl potentieller Konflikte eindämmen. Es würde jenes Potential freisetzen helfen, das so notwendig für den wirtschaftlichen Wiederaufbau in Osteuropa gebraucht wird. Es würde die ohnehin noch sehr fragilen demokratischen Ansätze festigen. Ganz Europa würde zumindest ein Teil der den Kontinent schon wieder zersetzenden Probleme und Unruheherde erspart bleiben, die nicht selten in nachgerade verblüffender Weise an das Europa der beiden Vorkriegszeiten erinnern.

Zu befürchten ist, daß der Egoismus der westeuropäischen Eliten zu stark und das kurzsichtige Eigeninteresse zu vorherrschend ist, als daß ernsthaft eine westeuropäische Politik in die oben angedeutete Richtung entwickelt würde. Ändert sich dies nicht, ist abzusehen, daß eines Tages Historiker den Eliten der einst mächtigen EU und NATO einen ähnlichen Vorwurf machen werden, wie ihn vor noch nicht langer Zeit die sowjetische Führung nach dem Abfall einer Republik nach der anderen zu hören bekommen hat: Die Zugeständnisse, die Angebote, die Veränderungen waren zuwenig; und sie kamen zu spät.

Ein erheblicher Teil der Eliten im Westen tendiert zu einer Politik des Status quo. Psychologisch ist das verständlich. Wem die Probleme über den Kopf wachsen, der hält sich gern an das Bewährte. Nur ist diese Politik des Status quo keine Politik des Status quo, sondern eine, die genau das Gegenteil wenn nicht bewirkt, so doch befördert. Die Debatte über vorrangige neue Einsatzgebiete der deutschen Bundeswehr könnte sich dann von selbst erledigen. Was heute bereits ein Teil der österreichischen Armee tut, könnte Vorbildcharakter aufweisen: an der Grenze die neue, diesmal vom Westen aufgebaute Mauer gegen Flüchtlinge schützen.

Die NATO mag dabei zwar in ihrem äußeren Korsett erhalten bleiben. Nur wird sie dann bestenfalls noch eine ganz spezifische Funktion für die Friedenssicherung in Europa spielen. Sie kann statt der kommunistischen Gefahr aus dem Osten die Flüchtenden aus dem Osten abwehren. Die Debatte über die Stärkung der Supranationalität in der EU geht ebenfalls bereits in diese Richtung. Es mag durchaus sein, daß wir im Westen mit einem solchen Zustand leben können und die Völker im Osten mit ihm leben müssen. Sonderlich attraktiv wäre diese Option nicht. Daß sie sich abzeichnet, ist der Hintergrund für die Feststellung Vaclav Havels im Oktober 1992, der Westen wisse mit seinem Sieg nichts anzufangen; er verspiele ihn. Im Prinzip versuche man so weiterzumachen wie bisher und hoffe, die Schwierigkeiten würden sich schon irgendwie in den Griff kriegen lassen. Parallelen zur Entwicklung in Deutschland sind unverkennbar.

Freilich ist auch der Osten auf dem „besten" Wege, seinen Sieg in der antikommunistisch-demokratischen Revolution von 1989/ 1990 zu verspielen. Die Renationalisierung im Sinne chauvinistischer Abgrenzung und Auseinandersetzung, die einen gehörigen Teil der neuen Eliten und der Bevölkerungen in den postkommunistischen Ländern erfaßt hat, trägt nicht nur dazu bei, den für eine prosperierende Rekonstruktion des Raums notwendigen friedlichen und sicheren äußeren Rahmen zu schwächen bzw. gar nicht erst zustande kommen zu lassen. Sie untergräbt auch nachhaltig die neugeschaffenen Grundlagen einer demokratischen Kultur und der sich ohnehin nur langsam erholenden Binnenökonomien.

Diese Art Renationalisierung ist darüber hinaus ein wesentlicher Faktor in der Perzeption des Westens und in der Ausbildung seines Verhaltens gegenüber Osteuropa. Je unfähiger die neuen Eliten sind, in ihren „eigenen" Gesellschaften und untereinander zu Verhältnissen zu gelangen, die den von ihnen strapazierten „europäischen Werten" entsprechen, auf desto mehr Abneigung stoßen sie bei westlichen politischen Eliten, sich ihnen gegenüber integrativ zu verhalten. Je konfliktreicher die Beziehungen postkommunistischer Länder untereinander, desto nachhaltiger das Bemühen der Westeuropäer, sich nicht qua Integration in osteuropäische Querelen und Krisen involvieren zu lassen. Darüber hinaus ist, wie schon weiter oben betont, sowohl die ökonomische als auch die sicherheitspolitische subregionale Kooperation und Integration im ehemals kommunistischen Machtbereich eine zwar nicht hinreichende, gleichwohl notwendige Voraussetzung für eine erfolgreiche sukzessive Kooperation und Integration auf gesamteuropäischer Ebene.

Havels Meinung ist geprägt von den Erfahrungen der letzten Jahre, und zwar sowohl hinsichtlich der Entwicklung im Osten wie im Westen Europas. Es gibt eine Alternative. Sie besteht darin, daß die Probleme, vor denen die postkommunistischen Länder stehen, und die Folgewirkungen, die der europäische Desintegrationsprozeß auf die Stabilität des Westens und auf ganz Europa ausübt, in ihrer Qualität begriffen werden – und zwar sowohl von den ost- als auch von den westeuropäischen Eliten. Dies ist gegenwärtig nur partiell der Fall. Und zweitens selbstverständlich, daß daraus die notwendigen praktischen Schlußfolgerungen gezogen und politisch umgesetzt werden.

Anmerkungen

* Der Text wurde für den Druck aktualisiert.

[1] Siehe *Hankiss, Elemer:* East European Alternatives. Oxford 1990; *Staniszkis, Jadwiga:* Dilemmata der Demokratie in Osteuropa. In: *R. Deppe/H. Dubiel/ U. Rödel* (Hrsg.): Demokratischer Umbruch in Osteuropa. Frankfurt 1991; *Kokoshin, Andrei:* Europe we need. The nascent Europe. In: International Affairs (Moscow), December 1990, S. 15–24.

[2] Vgl. *Pradetto, August:* Der Osten Europas und die Gemeinschaft der Europäer. In: Europäische Rundschau 3/1991, S. 43–63.

[3] *Pradetto, August:* Internationale Politik osteuropäischer Staaten. Grundlegende Bedingungen und Tendenzen. In: Österreichische Osthefte, Nr. 4/Winter 1991, S. 663–678.

⁴ Die Hexagonale war bis zur Auflösung der jugoslawischen bzw. der tschechoslowakischen Republik ein Kooperationsforum, das neben den beiden genannten Staaten Ungarn, Polen, Italien und Österreich umfaßte.

⁵ Siehe auch *Stamm, Rudolf:* Die Pentagonale als Beitrag zur Annäherung in Europa. In: Europäische Rundschau 1991, S. 35–41.

⁶ *Schwarz, Hans-Peter:* Auf dem Weg zum post-kommunistischen Europa. In: Europa-Archiv 11/1989, S. 319ff.; *Nötzold, Jürgen/Rummel, Reinhardt:* Auf dem Weg zu einer neuen Europäischen Ordnung. In: Außenpolitik III/1990, S. 212–224.

⁷ *Kramer, Heinz:* Die EG und die Stabilisierung Osteuropas. In: Außenpolitik 1/1992, S. 12–21; *Schmidhuber, P. M.:* Die Europäische Gemeinschaft und die Veränderung in Osteuropa. In: Osteuropa 3/1992, S. 263–270.

⁸ *Plaschka, Richard Georg:* Nationalismus, Staatsgewalt, Widerstand. Aspekte nationaler und sozialer Entwicklung in Ostmittel- und Südosteuropa. Red.: *H. Haselsteiner.* München: Oldenbourg 1985; *Teichova, Alice:* Kleinstaaten im Spannungsfeld der Großmächte. Wirtschaft und Politik in Mittel- u. Südosteuropa in der Zwischenkriegszeit. München 1988.

⁹ *Brzezinski, Zbigniew:* Postkommunistischer Nationalismus. In: Europa-Archiv, 24/1989, S. 733–746; *Brzezinski, Zbigniew:* To Strasbourg or Sarajevo? In: The Europaen Magazine, February/March 1991, S. 20–24; *Oschlies, Wolf:* Bedrohung durch den Nationalismus im Osten. In: Europäische Rundschau, Nr. 1/1992, S. 35–46.

¹⁰ *Jaworski, Rudolf:* Die aktuelle Mitteleuropadiskussion in historischer Perspektive. In: Historische Zeitschrift, Heft 3/1988.

¹¹ *Lemberg, Hans:* „Ethnische Säuberung": Ein Mittel zur Lösung von Nationalitätenproblemen? In: Aus Politik und Zeitgeschichte, B 46/92, S. 48.

¹² *Hobbes, Thomas:* De cive. Übers. v. M. Frischeisen-Köhler, 1959, S. 10ff.

¹³ *Benz, Wolfgang/Graml, Hermann* (Hrsg.): Europa nach dem Zweiten Weltkrieg 1945–1982. Frankfurt/M. 1983; *Loth, Wilfried:* Die Teilung der Welt. Geschichte des Kalten Krieges 1941–1955. München ⁴1985.

¹⁴ Vgl. *Pradetto, August* (Hrsg.): Die Rekonstruktion Ostmitteleuropas. Von der heroischen in die prosaische Ära. Opladen 1994.

¹⁵ *Kolboom, Ingo:* Die Vertreibung der Dämonen: Frankreich und das vereinte Deutschland. In: Europa-Archiv, Nr. 15/16 (1991), S. 470–475; siehe auch: *Pfaff, Dieter:* Revolution und Rezeption des deutschen Rechts in Ostmittel- und Südosteuropa. In: Südosteuropa Aktuell, Nr. 12 (1991), S. 37–52.

¹⁶ *Pradetto, August:* Deutschland, die Sowjetunion und der Westen. In: SWS-Rundschau, Nr. 4 (1990), S. 503–519.

¹⁷ *Treverton, Gregory F.:* The New Europe. In: Foreign Affairs, America and the World 1991/92, S. 22–32.

¹⁸ *Magenheimer, Heinz:* Zur Neukonstellation der Mächte in Europa. Transformation der Bündnisse – Rüstungskontrolle und Sicherheit. In: Aus Politik und Zeitgeschichte, B 18/1991, S. 3–10; *Senghaas, Dieter:* Die Neugestaltung Europas. Perspektiven und Handlungsgebote. In: Aus Politik und Zeitgeschichte, B 18/1991, S. 11–20; *Staak, Michael:* Die Außenpolitik der BRD auf dem Weg in ein neues Europa. Westintegration und Ostpolitik unter veränderten Bedingungen. In: Aus Politik und Zeitgeschichte, B 4–5/1990, S. 20–30.

[19] *Loth, Wilfried:* Das Ende der Nachkriegsordnung. In: Aus Politik und Zeitgeschichte, B 18/1991, S. 3–10.

[20] *Frei, Daniel:* Integrationsprozesse. Theoretische Erkenntnisse und praktische Folgerungen. In: *Werner Weidenfeld* (Hrsg.): Die Identität Europas, Bonn 1985, S. 113–131.

[21] *Pradetto, August:* Revolution und Transition in Osteuropa. Zur Konzeptualisierung politikwissenschaftlicher Forschung. In: „Revolution und Rekonstruktion: Der Aufbau freiheitlicher Demokratien in Ostmitteleuropa". Ein Konferenzbericht. Herausgegeben von *Dietrich Herzog, August Pradetto* und *Helmut Wagner,* Berlin 1991.

[22] Das Prinzip der Subsidiarität entstammt der Sozialethik und fand seine klassische Formulierung in der Sozialenzyklika „Quadragesimo Anno" (1931): „Wie dasjenige, was der Einzelmensch aus eigener Initiative und mit seinen eigenen Kräften leisten kann, ihm nicht entzogen und der Gesellschaftstätigkeit zugewiesen werden darf, so verstößt es gegen die Gerechtigkeit, das, was die kleineren und untergeordneten Gemeinwesen leisten und zum guten Ende führen können, für die weitere und übergeordnete Gemeinschaft in Anspruch zu nehmen; zugleich ist es überaus nachteilig und verwirrt die ganze Gesellschaftsordnung." Vgl. auch *Rauscher, Anton:* Personalität, Solidarität, Subsidiarität. Köln 1975.

[23] *Bellers, Jürgen:* Integration. In: *Woyke, Wichard* (Hrsg.): Handwörterbuch Internationale Politik. Bonn: Bundeszentrale für politische Bildung, 1987, S. 201–206.

[24] *Wolff-Poweska, Anna:* Die Zukunft Osteuropas. Herausforderungen, Probleme, Strategien. In: Europa-Archiv 19/1991, S. 567–572.

[25] *Winkler, Heinrich August* (Hrsg.): Nationalismus. Königstein/Ts. [2]1985; *Gellner, Ernest:* Nationalismus und Moderne. Berlin 1991.

[26] *Oschlies, Wolf:* Nationalismus im Osten. In: Europäische Rundschau 1/1992, S. 35–46.

[27] *Hatschikjan, Magarditsch:* Osteuropa – ein nationalistischer Hexenkessel? In: Außenpolitik 3/1991, S. 211–220.

[28] Vgl. auch *Smutny, Pavel:* Die Tschechoslowakei – eine Rückkehr zu sich selbst. In: Aus Politik und Zeitgeschichte, B 6/1992, S. 24–35.

[29] *Stábo, Máte:* Vom kommunistischen „Reformwunder" zur relativen Stabilität: Ungarn. In: *Pradetto, August* (Hrsg.): Die Rekonstruktion Ostmitteleuropas, wie Anm. 14, S. 21. Siehe auch: *Zimmermann, Ekkart:* Evolutionärer und revolutionärer Wandel politischer Systeme. In: *K. von Beyme, E.-O. Czempiel, P. Graf Kielmansegg:* Funk-Kolleg Politik, Bd. 2, Frankfurt/M. 1987; *Zimmermann, Ekkart:* Krisen, Staatsstreiche und Revolutionen. Theorien, Daten und neuere Forschungsansätze. Opladen 1981.

[30] Siehe auch *Weidenfeld, Werner/Huterer, Manfred:* Der Westen und die Stabilisierung der Demokratien in Osteuropa. In: Europa-Archiv, Nr. 12/1992, S. 325–334.

[31] *Loth, Wilfried:* Europa nach 1945: Die Formation der Blöcke. In: *Wolfgang Benz/Hermann Graml* (Hrsg.): Europa nach dem Zweiten Weltkrieg 1945 bis 1982. Frankfurt/M. 1983, S. 23–57.

[32] Vgl. *Jaworski, Rudolf:* wie Anm. 10.

[33] Ebd., S. 540.
[34] *Schulze, Hagen:* Der nationale Faktor in Europa – Geschichte und Begriffsklärung. In: Europäische Rundschau 3/1991, S. 23–32.
[35] Siehe auch *Weisskirchen, Gert:* Europa im Aufbruch zu einer neuen Gemeinsamkeit. In: Aus Politik und Zeitgeschichte, B 31–32/1992, S. 33–42; *Leimbacher, Urs:* Westeuropäische Integration und gesamteuropäische Kooperation. In: Aus Politik und Zeitgeschichte, B 45/1991, S. 3–12.
[36] Vgl. auch *Delors, Jacques:* Entwicklungsperspektiven der Europäischen Gemeinschaft. In: Aus Politik und Zeitgeschichte, B 1/1993, S. 3–9.
[37] Vgl. Monatsberichte der Deutschen Bundesbank, Juli 1992; Jahresbericht 1991 der Europäischen Bank für Wiederaufbau und Entwicklung, S. 8ff.
[38] „Zu den Assoziationsverträgen der EG mit Polen, Ungarn und der Tschechoslowakei". DIW Wochenbericht, Nr. 50/1991, S. 701–704.
[39] In: *Rauch, Andreas M.* (Hrsg.): Europäische Friedenssicherung im Umbruch. München 1991, S. IX.
[40] *Gehring, Thomas:* Probleme und Prinzipien internationaler Zusammenarbeit. In: Aus Politik und Zeitgeschichte, B 46/1992, S. 39.

GÜNTER BAADTE

Aus der Diskussion

I. Säkularisierung und Neuevangelisierung

Im Anschluß an das Referat von Jan *Kerkhofs* wurden zunächst einige methodische Einzelaspekte erörtert.

Ohne die statistisch eindeutigen Trends in Zweifel ziehen zu wollen, gab Franz *Furger* zu bedenken, ob mit dem Begriff „Kirche" nicht doch differenzierter umgegangen werden müsse. Er verwies hierbei auf das Beispiel der Schweiz. Aus eigener Erfahrung kenne er in Europa kein Land, das so papstkritisch sei wie die Eidgenossenschaft. In den Kirchen der Schweiz, die ausgeprägte Gemeindekirchen seien, gebe es im katholischen wie im reformierten Bereich eine alte anti-ultramontane Tradition. Paradox gesagt: die Schweizer seien kirchlich, weil sie es gewohnt seien, einen antiklerikalen Klerus in den Gemeinden zu haben. Die Ereignisse von Chur hätten diese Auffassung eher noch verstärkt. Dieses Kirchenverständnis sei eben ein anderes als etwa das in Polen, wo sich die Kirche, wenn sie auch heute krisenhafte Erscheinungen zeige, in den achtziger Jahren noch in ihrer ganzen Majestät manifestiert habe. Von daher stelle sich die Frage, ob die in den europäischen Ländern unterschiedlichen Ausprägungen von Kirchlichkeit in der Untersuchung nicht stärker hätten berücksichtigt werden sollen.

Hans Joachim *Türk* gab zu überlegen, inwieweit unterschiedliche Formen der Glaubensäußerung und unterschiedliche konfessionelle Problemlagen für die Wertestudie relevant sein könnten – oder auch nicht. Es gebe bei uns eine Reihe von Themen und Streitfragen, die man bis zum Überdruß kenne, wie etwa den Fall Drewermann, die Fragen des Treueids, des Zölibats, der Geburtenkontrolle usw., die spezifisch katholisch genannt werden

155

könnten. Wenn diese Probleme gelöst seien oder erst gar nicht bestünden – so laute eine kirchliche opinio communis –, dann gewinne man die notwendige Glaubwürdigkeit, dann hätte man endlich den Rücken frei, um sich der Neuevangelisierung in Deutschland und Europa zuzuwenden. Treffe diese Annahme zu? Betrachte man nämlich die evangelische Christenheit, dann seien dort die beklagten Phänomene so nicht vorhanden, und dennoch stehe im Vergleich mit der katholischen die evangelische Kirche nach innen und außen nicht so viel besser da.

In der weiteren Diskussion rückten Fragen nach dem Glaubensverlust, dem Rückgang der Kirchlichkeit und dem Wertewandel in den Vordergrund.

Anton *Rauscher* fragte, woher die mangelnde Überzeugungsfähigkeit der Kirche und der Christen komme. Hätten sich in den Kirchen etwa zu sehr funktionärshafte Züge entwickelt? Sei es außerdem nicht problematisch, zu glauben, daß ein Mehr an Aktion und Organisation schon ein Mehr an Überzeugungskraft bedeute?

Ortwin *Buchbender* stellte fest: „Die Diagnose ist faszinierend, wie aber lautet die Therapie?" Sei denn in den Kirchen von heute jene Geborgenheit zu finden, die viele Menschen angesichts der apokalyptischen Ängste und Traumata suchten, um mit dem Leben fertig zu werden?

Paul *Becher* wies darauf hin, daß es den Kirchen nach dem Zusammenbruch der säkularen Utopien noch nicht gelungen sei, eine Sprache zu finden, die den neuen Wirklichkeiten gerecht werde. Er erinnerte an Teresa von Avila. Diese habe davon gesprochen, daß es dunkle Nächte der Seele gebe. Vielleicht stehe dem europäischen Christentum eine solche dunkle Nacht bevor. Versuchten die Christen nicht allzu oft, der existentiellen Tiefe dieser Probleme allzu aktivistisch zu begegnen?

Jan *Kerkhofs* nahm in seiner Antwort die genannten Aspekte auf. „Ist es normal", fragte er, „daß ein moderner Mensch ein Christ ist?" Die meisten Intellektuellen in Europa seien religiöse Skeptiker, wahrscheinlich positive Agnostiker. Der christliche Glaube finde in den traditionellen Strukturen des öffentlichen Lebens keine Stütze mehr. Jede Generation müsse heute neu evangelisiert werden. Dies sei äußerst schwierig. Deshalb sage er:

„Laßt uns das, was wir haben, nicht abbauen; wir wollen uns aber auch nicht mit Utopien zufriedenstellen lassen." Wenn man sehe, wie schnell sich das Lebensgefühl bei den Jugendlichen in Europa ändere, dann müsse eine pastorale Strategie sehr differenziert angelegt sein; sie könne nicht in ein paar taktischen Finessen ihr Bewenden haben. Um ein konkretes Beispiel zu nennen: Habe man genug getan, um kirchliche Strukturen zu schaffen, die etwa eine moderne junge Frau, Professorin, christlich, aber ziemlich antiklerikal, integrieren könnten?

Wenn man auf das, was in der Mitte der Kirche geschehen sei, zurückblicke, so gebe es in der Periode von 1965 bis 1980 in ganz Europa eine Bewegung der Hoffnung. Diese habe insbesondere in den Synoden Ausdruck gefunden, die in einer ganzen Reihe europäischer Länder, auch Diözesen, stattgefunden hätten. Heute herrsche ein allgemeines Gefühl der Enttäuschung vor, bei Älteren und Jüngeren. Dafür gebe es reale innerkirchliche Gründe. Wie stehe es, müsse man fragen, um die Mitsprache in kirchlichen Dingen oder um die Durchsetzung der Kollegialität? Wenn es viele Menschen gebe, die religiös andere Wege gingen, also an Wiedergeburt glaubten oder sich dem Kult der Natur hingäben, so stelle sich die Frage, ob denn die christlichen Theologen wie auch die Verkündigung das Gleichgewicht zwischen zwei elementar wichtigen Aspekten der göttlichen Wirklichkeit: der Transzendenz und der Immanenz, gefunden hätten. Hier habe ein Theologe wie Hans Urs von Balthasar in seiner „Theologischen Ästhetik" etwas gesehen, was nicht weiter aufgenommen und fortgeführt worden sei. Wofür jüngere Menschen heute sehr sensibel seien, sei das ganz einfache Wort „Glaubwürdigkeit". Dies gelte für den Bereich der Kirche wie der Politik.

Wie könne man dem Gefühl der inneren Leere begegnen? In seiner Abschiedsvorlesung an seiner Universität habe er versucht, hierzu einige Wege aufzuzeigen. Er glaube, daß der wichtigste Weg, jedenfalls vorläufig, das ehrliche, offene Gespräch in kleineren Gruppen sei, bei dem man sich einander bekennen und sagen könne, warum man im Glauben und in der Kirche bleibe. Dieser Anfang der Erneuerung werde ohne viel Lärm stattfinden.

Gerhard *Lange* fand die Ergebnisse der Wertestudie wichtig, da sie auch dazu helfen könnten, Einsichten in die pastorale Lage zu vermitteln. Dennoch wollte er auch die Grenzen dieser Art von Untersuchungen bedacht wissen, vor allem in Hinblick auf die damit verbundene theologische Herausforderung. Seinen Glauben zu bekennen, sei das eine; den Glaubensakt zu vollziehen, d. h. Gott sich in all seinen Unvollkommenheiten zu übereignen, sei das andere. Er stelle jedenfalls fest, daß es eine phraseologische Verkündigung gebe, die diesen ursprünglichen personalen Vollzug kaum noch möglich mache. Der Glaubensvollzug habe auch eine Dimension, die von uns nicht beherrschbar sei, nämlich die des Geschenkhaften, der Gnade. Diese müsse man im Blick haben, wenn sich Evangelisierung ereignen solle. Dann würden auch die Ängste, von denen zu Recht gesprochen worden sei, von uns überwunden werden können – dann werde auch eine Kirche, die als Körperschaft des öffentlichen Rechts eine privilegierte Kirche sei, nicht mehr Angst haben müssen, solche Rechtspositionen aufzugeben, weil sie sich ihres inneren Reichtums viel stärker gewiß sei, als das vielleicht durch rechtliche Absicherung heute geschehen könne.

Jan *Kerkhofs* wollte dem nicht widersprechen, betonte jedoch gleichzeitig, daß es viele Türen gebe, um den modernen Menschen zu verstehen und zu erreichen. *Eine* Tür des Glaubens könne es sein, daß man einfach still in einer Abtei anwesend sei. Auch die großen Theologen stellten für uns immer noch Türen zum Glauben dar. Für die Diagnose bleibe die interdisziplinäre Zusammenarbeit mit den Sozialwissenschaften, zumal der Sozialpsychologie und Religionspsychologie, und hier wiederum die Hilfe von Tiefeninterviews, unerläßlich.

II. *Fragen einer europäischen Rechtsordnung*

Ein erster Schwerpunkt der Diskussion, die sich an das Referat von Bundesverfassungsrichter Paul *Kirchhof* anschloß, bezog sich auf Fragen wie die Sicherung der Freiheitsrechte (Anton *Rauscher*), die anthropologischen Prämissen der demokratischen Rechtsordnung (Lothar *Roos*) sowie auf die damit einhergehenden Interpretations- und Vermittlungsprobleme angesichts des sich abzeichnenden Wertewandels (Anton *Losinger*).

Paul *Kirchhof* sah hier eine Kernproblematik. Die Freiheitsrechte seien im liberalen Verständnis primär als Abwehrrechte
definiert worden. Dieses liberale Modell funktioniere jedoch dann
nicht, wenn der einzelne nicht oder nicht mehr in der Lage sei, die
Freiheit selbst wahrzunehmen. Wenn er etwa krank oder schwach
sei, sei er auf die Rechtsgemeinschaft angewiesen. Soziale Hilfe sei
eine reale Voraussetzung von Freiheit. Sie könne allerdings auch
eine Umarmung sein, die den auf Hilfe Angewiesenen nahezu
erdrücke. Hier eine Balance zu finden, sei schwierig.

Das Grundgesetz enthalte zwei Rechtspositionen, in denen
Freiheit „vom Staat" ausdrücklich durch eine Freiheit „durch den
Staat" ersetzt worden sei. Dies betreffe einmal die Achtung und
den Schutz der Menschenwürde (GG Art. 1) und zum anderen
den besonderen Schutzauftrag des Staates für Ehe und Familie
(GG Art. 6 Abs. 1). Neben diesen beiden elementaren Individual-
rechtsgarantien wirke das Sozialstaatsprinzip als Staatsorganisa-
tionsprinzip in einer Richtung, die den Gesetzgeber verpflichte,
jedermann, der zur Rechtsgemeinschaft gehöre, ein Mindestmaß
an rechtlicher und ökonomischer Normalität zu sichern, ihn
jedenfalls an der existenznotwendigen Normalität dieser Rechtsgemeinschaft teilhaben zu lassen.

Freiheit „vom Staat" korrespondiere mit der Kompetenz,
Freiheitsmißbrauch zu steuern. Der Staat sei der Freiheitsver-
pflichtete, der Bürger sei der Freiheitsberechtigte. Es gelte aber
auch die Umkehrung: der Bürger ist berechtigt in Grenzen seiner
Freiheit, und die muß der Staat einfordern. Zur Zeit sei man wohl
auf dem Wege, die Freiheitsgrenzen wieder etwas stärker zu
akzentuieren, während wir uns verständlicherweise in den ersten
Jahrzehnten der Bundesrepublik bemüht hätten, den Inhalt der
Freiheit zu wahren.

Im Hinblick auf den angesprochenen Wertewandel gab Paul
Kirchhof zu bedenken, daß es hier sehr darauf ankomme, wie und
von welchen Voraussetzungen her die Fragen gestellt würden.
Dies betreffe insbesondere den Bereich der Elementarwertungen
wie etwa die Abtreibung. Die Menschen seien durch Werbung,
um nicht zu sagen durch Propaganda, sehr beeinflußbar. Zwischen die rechtliche Vorgabe und den rechtlichen Adressaten
schiebe sich eine Zwischenebene: die Massenmedien als Rechts-

vermittler, die nicht selten gegenläufig wirkten. Das weise denjenigen, die für die Verfassung geradezustehen hätten, eine besondere Verantwortlichkeit zu. Weiterhin müsse man sehen, daß unsere Rechtsordnung keine Rechtsordnung unter dem Vorbehalt alltäglicher Zustimmung der Beteiligten sei – sonst bräuchte man nur nach Allensbach zu gehen. Recht entstehe nicht dadurch, daß es die Mehrheit wolle, sondern der Mehrheitswille stehe im Rahmen der Kontinuität der Rechtsordnung, die wir Verfassungsrecht nennen. Dies sei die Prämisse. Was folge daraus? Die Rechtsordnung werde sich mehr anstrengen müssen, daß sie für die Werte, für die sie stehe, wieder Gestaltungsmacht zurückgewinne. Jedenfalls müsse man sich klar machen, daß die staatlichen Organe: die Bundesregierung, das Parlament, die Gerichtsbarkeit durch ihre Äußerungen einen wesentlichen Beitrag dazu leisteten, was an Werten bewußt sei, und auch dafür, daß die Menschen den Mut und die Bereitschaft hätten, sich zu bestimmten Wertungen zu bekennen. Mit dem Blick auf Europa: Die eine Konzeption wolle unsere Rechtsordnung aufgeben an eine beliebig europäische, allein weil sie europäisch ist. Die andere wolle sich aufgrund unserer Stellung in Europa dafür einsetzen und auch dafür streiten, die Wertungen einzubringen, die unsere Rechtsordnung geprägt und sich bei uns bewährt haben.

Ein weiterer Punkt der Diskussion betraf das Verhältnis von Rechtsordnung und Kulturordnung. Paul *Colonge* warf hier die Frage auf, wie sich die Existenz beispielsweise der türkischen, der griechischen und anderer Gemeinschaften in Deutschland zum Begriff des Staatsvolkes verhalte.

Paul *Kirchhof* suchte zu unterscheiden: Daß es in Deutschland eine türkische, eine griechische Kultur gebe, und die gebe es selbstverständlich, sei ein Teil der kulturellen Vielfalt, die sich bei uns ereigne. Nur werde dadurch nicht das deutsche Recht zu einem Recht türkischer oder griechischer Kultur. Die Besonderheit dieser Rechtsordnung sei, daß sie einen bestimmten Selbststand der Freiheit gewährleiste, als unverbrüchliches Recht, und in diesem Rahmen kulturoffen sei.

Als konkretes Beispiel nannte Paul *Kirchhof* den Umgang mit der Verfassungsbeschwerde der Tübinger Gemeinde der Bahais. (Dieser vorausgegangen war, daß der deutsche Vereinsrichter der

Religionsgemeinde den Kauf eines Grundstücks, auf dem sie einen Sakralbau errichten wollte, verweigert hatte, weil sie sich nicht dem deutschen Vereinsrecht unterwerfen wollte.) Das Bundesverfassungsgericht habe dieser Auffassung widersprochen und sich dabei von folgenden Überlegungen leiten lassen: Die von unserer Kultur geprägte Rechtsordnung gehe prinzipiell davon aus, daß jeder Verein, der an diesem Rechtsleben teilhaben wolle, sich so organisieren müsse, daß er mitgliedschaftlich bestimmt sei. Dies dürfe aber nicht dazu führen, daß jemand, der in dieser Rechtsgemeinschaft leben wolle, wie die Bahais in Deutschland, plötzlich auf eine Rechtsordnung stoße, die es ihm nicht mehr erlaube, seine Besonderheiten zu bewahren. Hier sei es nun die Besonderheit dieser Gemeinschaft, daß sie ihrem Verständnis nach, das kein wirtschaftliches, sondern ein religiöses sei, fremdbestimmt sein müsse. Man habe daher die Gerichte verurteilt, den Bahais die Teilnahme am Rechtsverkehr zu ermöglichen. Das deutsche Recht müsse insoweit kulturoffen sein, als der Fremde, der sich an dieser Kultur reibe, ohne sie im Kern verletzen zu wollen, hier seinen Platz für Singularität und Individualität finde, auch für seinen Willen, sich bewußt abzugrenzen, bewußt anders zu sein. Das heißt, die Religionsfreiheit, ein Teil unserer Rechtsordnung, sei in diesem Fall zugunsten der Bahais ausdrücklich gegen das bürgerliche Recht gewendet worden.

Was die Zugehörigkeit zum Staatsvolk betreffe, so könne hier die Entscheidung des BVerfG im Zusammenhang mit der Frage des Ausländerwahlrechts beispielhaft genannt werden. Das Staatsvolk sei die Gruppe wahlberechtigter Bürger, die prinzipiell auf Lebenszeit, auf Gedeih und Verderb diesem Staat angehöre. Derjenige, der dem Staatsvolk nicht angehöre, habe auch einen anderen Status. Er dürfe in Freiheit hier leben, habe prinzipiell keine Mitbestimmungsmacht, erhalte jedoch seinen individuellen Schutz durch einen anderen Staat. Insofern müsse man, wie er glaube, das Pluriversum der Staaten, das nun einmal diese Welt bestimme, anerkennen, mit der Konsequenz, daß die Individualrechtspositionen der einzelnen in den grundrechtlichen Freiheiten Menschenrechte seien, hingegen die staatsbürgerlichen Rechte – wie z. B. das Wahlrecht, die Wehrpflicht, das Recht, öffentliche Ämter ausüben zu dürfen – auf dem spezifischen Status des Bürgers, d. h. des Deutschen, des Franzosen, des Türken beruhten und auf diesen beschränkt seien.

Ein dritter Themenkreis der Diskussion bezog sich auf Fragen der Zuordnung von Europarecht und staatlichem Recht, so im Hinblick auf die Asylrechtsproblematik (Franz *Ansprenger*), die Berufsfreiheit (Joachim *Wiemeyer*) und das Kooperationsziel zwischen den europäischen Staaten (Jürgen *Schwarz*).

In seiner Antwort betonte Paul *Kirchhof* zunächst generell, daß er uneingeschränkt die Verdienste der völkerrechtlichen Verträge, d. h. der zwischenstaatlichen Verständigung für eine europäische und eine weltweit wirksame Grundrechtsordnung anerkenne. Wir hätten überhaupt keine Chance, über ein vereintes Europa als Werte- und Grundrechtsgemeinschaft zu sprechen, wenn wir nicht die wesentlichen Schritte der völkerrechtlichen Verträge geleistet hätten. Wir hätten auch keine Chance, die Achtung der Menschenwürde als ein völkerrechtliches Weltprinzip zu etablieren, wenn wir nicht die UNO hätten – das sei völlig außer Streit. Wenn wir einen Kulturstand erreicht hätten, in dem wir den völkerrechtlichen Vertrag durch eine Verselbständigung der Rechtsordnung in einer supranationalen Gemeinschaft ablösen könnten, sollten wir diesen Schritt tun, wenn es um den Grundrechtsschutz gehe. Was das Asylrecht betreffe, so sei man gegenwärtig in einer Phase, in der der völkerrechtliche Vertrag durchaus helfen könne. Es sei denkbar, innerhalb der Gemeinschaft der Zwölf, vielleicht auch darüber hinaus, ein Abkommen zu schließen, in dem gewährleistet werde, daß jeder, der behaupte, Asyl zu suchen, ein faires Verfahren bekomme. Die Prüfung, ob im Einzelfall in einem bestimmten Krisengebiet der Welt eine echte Verfolgung stattfinde, könne ein nationaler Staat fast nicht leisten. Hier wäre eine weltumspannende Organisation wie die UNO der richtige Adressat.

Die Rechtsprechung auf europäischer Ebene stütze sich auf eine noch in der Entwicklung begriffene Rechtsordnung, die ihre Erkenntnisse oft aus gemeineuropäischem Verfassungsrecht der Mitgliedstaaten ableite. Außerdem gebe es ein Korrektiv, das man nicht übersehen sollte und das darin bestehe, daß die Verbindlichkeit des EG-Rechts als EWG-Vertragsrecht in den Mitgliedstaaten nur darauf beruhe, daß das nationale Parlament einen Rechtsanwendungsbefehl erteilt habe. Das heißt, das EG-Recht wirke nicht automatisch als rechtsetzende Gewalt, etwa gegenüber Deutschland, sondern es wirke nur, wenn und soweit der nationale Rechtsanwendungsbefehl den Vollzug des EG-Rechts anordne. Das Europarecht fließe somit nach Deutschland über die Brücke eines Bonner Parlamentsgesetzes. Diese Entwicklung zu kontrollieren, sei dem Bundesverfassungsgericht übertragen. Wenn hier nunmehr eine Kollision stattfinde – etwa in der Frage der Berufsfreiheit – zwischen europarechtlicher Vorgabe und nationaler verfassungsrechtlicher Wertung, dann sei das Bundesverfassungsgericht gehalten, diesen Wertungskonflikt zu lösen. Es habe in der Solange-Entscheidung gesagt, daß prinzipiell die Grundrechte beim Europäischen Gerichtshof gut aufgehoben seien, aber seine eigene Rechtsprechung nur zurückgenommen, solange die Gewährleistung in Luxemburg hinreichend funktioniere. Wenn nicht, könne sich kein Richter in Deutschland des Auftrags des ihm anvertrauten Amtes entschlagen.

Die Grundthese von Jürgen *Schwarz*, daß wir von einem Europa der Staaten reden sollten, wollte Paul *Kirchhof* mit einem klaren „Ja" beantworten. Die deutsche Staatsverfassung ermächtige die Staatsorgane im Rahmen der Bindungen, die das Grundgesetz ihnen auferlege, zu handeln. Damit stelle sich die Frage, ob sie überhaupt auf der Grundlage der Legitimation, über die sie verfügten, ein Recht hätten, an einer Entstaatlichung, nämlich der Übertragung der Staatsgewalt auf Europa mitzuwirken.

Das positive Verfassungsrecht gebe eine klare Antwort. Art. 24 ermächtige den Bund, Hoheitsrechte auf zwischenstaatliche Einrichtungen zu übertragen; d. h. die Staatlichkeit stehe nicht zur Debatte. Jetzt gehe man daran, die Art. 23 und 24 zu ändern. Im Entwurf von Art. 23 stehe nunmehr, daß die Bundesrepublik berechtigt sei, Hoheitsgewalt zur Verwirklichung eines vereinten Europas zu übertragen. Damit stelle sich für unser Verfassungsrecht die Frage, ob die Unverfügbarkeitsgrenze für Verfassungsänderungen angesprochen sei.

Das Bundesverfassungsgericht sage immer wieder, daß die Herren der Verträge die Mitgliedstaaten seien und daher auch die Verträge kündigen könnten. Einem Staatenverbund, der mehr sei als ein mehrpoliger völkerrechtlicher Vertrag, wohne gleichsam die Tendenz inne, sich zu verselbständigen. Letztlich aber seien die Legitimationsspender die demokratischen Rechtsstaaten, die in ihrer Mitgliedstaatlichkeit organisiert seien. Gleichwohl sei es möglich, in zentralen Fragen eine Rechtsvereinheitlichung herzustellen, die aber immer nur solange gelte, als die beteiligten Staaten sie nicht widerriefen.

Der Status quo sei für die Beurteilung von Maastricht deshalb so wichtig, weil hier die Gemeinsamkeit der Außen- und Sicherheitspolitik rechtsstaatlich unverbindlich als Absichtserklärung vereinbart sei. Wäre dies eine Verpflichtung auf eine Gemeinsamkeit in dem Sinne, daß die Bundesrepublik Deutschland in der Außen- und Sicherheitspolitik nicht gegen die anderen Mitgliedstaaten entscheiden könne, dann wäre die Frage der Entstaatlichung in aller Dramatik gestellt.

III. Ökonomische Aspekte der europäischen Integration

In den Diskussionsbeiträgen, die sich an das Referat von Hans *Besters* anschlossen, stand zunächst die Frage nach der europäischen Wirtschafts- und Währungsunion, wie sie der Vertrag von Maastricht intendiert, im Vordergrund. Dabei kamen insbesondere die mit diesem Projekt verbundenen politischen und ökonomischen Risiken zur Sprache.

Jürgen *Schwarz* warf die Frage auf, ob und wie denn die politische Unabhängigkeit der Europäischen Zentralbank ohne einen entsprechenden europäischen Verfassungsrahmen gewährleistet werden könne.

Anton *Rauscher* fragte, wie sich die politische und ökonomische Notwendigkeit eines einheitlichen europäischen Währungssystems begründen lasse.

Heinz *Frisch* wies darauf hin, daß auch die Deutsche Bundesbank in mancher Hinsicht gehalten sei, die Wirtschaftspolitik der Bundesregierung zu unterstützen, und gelegentlich, wenn auch gewissermaßen zähneknirschend, sich gezwungen sehe, des minderen Übels wegen gegen ihre eigenen Stabilitätskriterien zu handeln. Die Frage nach der Währungsstabilität müsse zudem die

Finanzpolitik miteinbeziehen, wie auch die Ergebnisse, die aus den Verteilungskonflikten hervorgingen. In diesem Zusammenhang stelle sich die Frage, ob der unterschiedlichen Lohnpolitik der Gewerkschaften in den verschiedenen europäischen Ländern nicht viel mehr Beachtung geschenkt werden müsse, da auch von dieser Seite eine künftige Europäische Zentralbank unter Druck gesetzt werden könne. Müsse es daher nicht auch eine Art „konzertierter Aktion" der Gewerkschaften auf europäischer Ebene geben?

Jan *Kerkhofs* sprach die Rolle der transnationalen Unternehmen an. Sei es nicht so, daß die wirtschaftliche Wirklichkeit nicht schon eine viel stärkere europäische Dimension erreicht habe als die politischen Strukturen, die stets hinterherhinkten.

Hans Joachim *Türk* äußerte sich kritisch zum Finanzgebaren der Brüsseler Behörden, wobei er sich auf einen aktuellen Spiegelartikel bezog. Es sei geradezu atemberaubend, was dort an Milliardenbeträgen in die verschiedensten Fonds und Regionen transferiert werde, ohne daß eine öffentliche Transparenz oder irgendwelche parlamentarische Kontrollen vorhanden seien.

Joachim *Wiemeyer* gab zu bedenken, ob eine stärkere Institutionalisierung wirtschaftlich nicht auch von Vorteil sein könne, wenn man sehe, wie sich die EG als das ehrgeizigere Projekt gegenüber der EFTA durchsetze.

Hans *Besters* ging in seiner Antwort auf die Überlegungen und Bedenken ein. Daß der Maastrichter Vertrag in der Frage der Wirtschafts- und Währungsunion sehr konkret werde, beim politischen Pendant zur Europäischen Union hingegen blaß bleibe, führe in der Tat zu neuen Spannungsverhältnissen. Wenn kein gemeinsames Dach existiere, auch keine Durchgriffspotenz, dann sei dies zweifellos ein Problem. Entscheidend sei es, ob es gelinge, die politische Selbständigkeit und Unabhängigkeit der Europäischen Zentralbank zu sichern. Ob diese Institution dann ihren Sitz in Frankfurt habe, sei nebensächlich; ja, dies könne dazu führen, daß die deutsche Position langfristig eher geschwächt als gestärkt werde. Was die internationale Lohnpolitik betreffe, so lägen die Dinge zur Zeit so, daß viele deutsche Unternehmen viel lieber etwa in Portugal als in Ostdeutschland investierten, weil das Lohnniveau in Südeuropa deutlich geringer sei. Der Wechselkurs entspreche dem dortigen Produktionsniveau. Wenn jedoch mit der Einführung der europäischen Einheitswährung die südeuropäischen Länder unter einen verstärkten Anpassungsdruck gerieten – was vorauszusehen sei, und Spanien habe bereits entsprechende Ausgleichsforderungen auf den Tisch gelegt –, dann stehe ein Finanztransfer an, demgegenüber der jetzige nach Osten ein Kinderspiel sei.

Suche man einen Grund, der ökonomisch für eine einheitliche Währung spreche, dann sei er darin zu finden, daß die Transaktionskosten, die der Austausch zwischen den verschiedenen Währungen verursache, wegfielen. Aber dies sei in Anbetracht des hohen Rationalisierungsgrades, der im modernen Bankensystem herrsche, ein Vorteil, der nicht ausschließlich oder überwiegend ins Gewicht falle. Vielmehr seien die politischen Zielsetzungen ausschlaggebend, indem die wirtschaftlichen Integrationsbestrebungen als Vehikel einer Europäischen Union dienen sollen. Diese Vorstellung habe schon den Ausgangspunkt bestimmt, von dem aus die Europäische Wirtschaftsgemeinschaft geschaffen worden sei.

Hans *Besters* griff sodann den Hinweis von Jan *Kerkhofs* auf: Daß von den multinationalen Unternehmen Integrationseffekte ausgingen, sei nicht zu bestreiten. Allerdings stelle sich auch hier die Frage, ob und inwieweit die politische Seite nachziehen müsse, in dem Sinne, daß supranationale Strukturen geschaffen würden. Dies sei weniger eine Frage der ökonomischen Notwendigkeit als der politischen Wünschbarkeit und gehe nur über die Schwelle des Verzichts auf nationale Zuständigkeiten und Souveränitätsrechte. Historisch müsse man sehen, daß es in der zweiten Hälfte des 19. Jahrhunderts unter nationalstaatlichen Bedingungen in Europa sehr wohl eine funktionsfähige Weltwirtschaft, die auf dem Gold-Devisen-Standard basierte, gegeben habe. Ein solches System sei dann praktizierbar, wenn sich jeder Staat an die Regeln halte, auf die er sich verpflichtet habe.

Die EG-Kommission, deren Verwaltungsapparat einen Bürokratismus besonderer Art darstelle, habe sich im Laufe der Jahre gleichsam im Schatten des Ministerrats sozusagen als Exekutive ohne parlamentarische Kontrolle immer mehr Aufgaben angeeignet; so z. B. die Regionalpolitik. Nach dem Maastrichter Vertrag sei die Industriepolitik hinzugekommen, was zu akkumulierenden Effekten führe. Das heißt, hier werde Interventionspolitik betrieben, und diese koste immer Geld. Ob man dieser Art von Ausgabenpolitik nach dem bisherigen Procedere jemals Herr werden könne, sei eine offene Frage; Ansätze dafür seien schwerlich zu erkennen.

Wenn man die Entwicklung der letzten zwei Jahrzehnte verfolge, dann zeichne sich in der Tat ab, daß sich das EG-Modell gegenüber dem EFTA-Modell durchsetze, daß die ökonomischen Verbesserungen zweifellos auf seiten der EG lägen. Dafür sei jedoch ein politischer Preis zu zahlen, der darin bestehe, daß Kompetenzen von der nationalen auf die übernationale Ebene wechselten. Er halte daran fest, betonte Hans *Besters*, daß zwar gemeinsame Normen erforderlich seien, daß diese aber nicht in einer supranationalen Behörde verankert sein müßten. Letztlich halte er das Vertragskonzept, das gegebenenfalls Sanktionen miteinschließe, für möglich und zureichend. Auch Institutionalisierung biete nämlich im Grunde keine Sicherheit für die Einhaltung der Normen. Auch Verträge im Bereich der EG könnten verletzt werden. Dafür gebe es Beispiele. Insofern relativiere sich der Unterschied zwischen einem Handeln im Rahmen von Institutionen auf der einen Seite und einem vertragsgemäßen, auf Normen abgestellten Vorgehen auf der anderen Seite.

IV. Zur sozialen Verantwortung der Kirchen

Zu Beginn der Diskussion hob Theodor *Strohm* hervor, wie wichtig der Erfahrungsaustausch zwischen den Konfessionen sei, der im Hinblick auf die Wahrnehmung der Verantwortung für ein soziales Europa eine weitere, neue Dimension erhalten habe. Ohne eine Verständigung der Kirchen in substantiellen Fragen könne auch der europäische Einigungsprozeß nicht gelingen.

Hier setzte Paul *Becher* an. Viele der internationalen Kontakte, die die katholischen Laienorganisationen in Europa in den fünfziger Jahren aufgebaut hätten, seien in den sechziger Jahren weggebrochen, zu Ende gegangen. Heute, nach dem Umbruch in Europa, scheine sich eine neue Chance der Verständigung und

Zusammenarbeit abzuzeichnen. *Becher* nannte in diesem Zusammenhang die Erklärung „Auf dem Weg zu einem neuen Europa", die das Zentralkomitee der deutschen Katholiken am 17. Juni 1992 beschlossen habe. Allerdings dürfe nicht übersehen werden, daß der Organisationsgrad der katholischen Laienverbände in den meisten europäischen Ländern geringer sei als in Deutschland. Dies mache eine Diskussion über Aufgaben, die gemeinsam angegangen werden könnten, schwierig. Zudem müsse das „Germania docet" vermieden werden.

Im Hinblick auf die ökumenische Zusammenarbeit nannte *Becher* vor allem die „Empfehlungen zur Eigentumspolitik" (Januar 1964), die aufgrund weitgehend übereinstimmender Auffassungen vom Sozialreferat des ZdK und der Evangelischen Aktionsgemeinschaft für Arbeitnehmerfragen gemeinsam veröffentlicht worden waren. Ziel dieser Empfehlungen sei es gewesen, staatlichen und subsidiär gesellschaftlichen Initiativen sozialpolitisch realisierbare Argumentationshilfen zu liefern.

Ergänzend zum Referat erinnerte Lothar *Roos* an die in der katholischen Soziallehre eingeführten Grundkategorien der Gesinnungs- und Strukturreform, die in einem inneren Zusammenhang stünden. Auf die soziale Verantwortung der Christen in Europa bezogen, würde dies bedeuten, daß neben den konkreten Gestaltungsfragen der Sozialpolitik als weiteres wesentliches Element ein möglichst umfassendes Tugendethos eingefordert und realisiert werden müsse. Nur so könne die Funktionsfähigkeit der sozialen Systeme auf Dauer aufrechterhalten werden. Darüber hinaus sei es erforderlich, die sozialpolitische Problematik in Europa im weiteren Rahmen einer grundrechtlich orientierten Demokratie sowie unter Berücksichtigung sozialethischer Kernfragen, wie z. B. der Sozialpflichtigkeit des Eigentums, zu reflektieren.

In seiner Antwort umriß Theodor *Strohm* die Zukunftsaufgaben mit der Frage: „Wie können wir unter den säkularen Bedingungen unserer Wirklichkeit einem verantwortlichen Leben in der dreifachen Verantwortung gegenüber Gott, gegenüber der Schöpfung, gegenüber dem Mitmenschen und auch gegenüber uns selbst gerecht werden?" Der säkulare Trend, der den Daten, die Jan *Kerkhofs* vorgetragen habe, zugrunde liege, sei die Individualisierung aller Lebensbezüge, die durch wirtschaftliche Faktoren induziert würden. Könne man dies einfach so weiterlaufen lassen? Unabhängig davon, ob die Leute noch bereit seien, kirchlich zu partizipieren oder nicht, erwachse hier den Christen eine Aufgabe, die vor allem darin bestehe, die individuelle Verantwortlichkeit zu regenerieren und neu zu formieren. Diese Art der Verantwortlichkeit gelte es im Sinne einer Gewissensbildung in unseren Erziehungs- und Bildungsprozessen in der Kirche, auch in der Schule zu artikulieren.

„Wie sollen wir uns auf die sozialen Belange einlassen?" Die beiden großen Kirchen in der Bundesrepublik hätten zur inhaltlichen Ausgestaltung des sozialen Rechtsstaats und der sozialen Ordnung viel beigetragen. Wenn dies seit den sechziger Jahren deutlich zurückgegangen sei, dann hänge dies vielleicht auch damit zusammen, daß die Politik diese Dinge viel aktiver selbst in die Hand genommen habe und die Kirchen gar nicht mehr so gefragt gewesen seien. Die Kirchen dürften sich jedoch nicht einfach aus der öffentlichen Diskussion hinausdrängen lassen. So sei man heute in der Eigentumsfrage wieder an einem Punkt angelangt, an dem die Beteiligung am Produktivvermögen dringend angemahnt werden müsse, eine Initiative, die vom Direktor der KSZ, Anton *Rauscher*, mitangestoßen worden sei. Hierbei handele es sich freilich zunächst einmal um Beiträge zur innerdeutschen Meinungsbildung. Als nächster Schritt sei es unbedingt erforderlich, diese Fragen in eine europäische Form der Willensbildung zu überführen. Auf die Dauer dürfe es jedenfalls nicht so weitergehen, daß man sein Gewissen durch ethisch steile öffentliche Verlautbarungen, die in der konkreten Auseinandersetzung nicht verwertbar seien, zu salvieren suche. Man müsse auch die Konsequenzen dessen nennen, was man fordere, sonst werde man nicht mehr ernstgenommen. Dies betreffe gleichermaßen Fragen der nationalen wie der internationalen Verantwortlichkeit.

Die folgenden Diskussionsbeiträge bezogen sich auf Probleme der Sozialpolitik und sozialstaatlichen Ordnung in Europa im engeren Sinn.

Joachim *Wiemeyer* bemerkte, daß die Forderung nach einem „Europa der Solidarität", die nicht selten erhoben werde, die Analyse der sozialpolitischen Problemlagen und der zum Teil auch fehlgesteuerten Sozialpolitik in den einzelnen Ländern nicht ersetzen könne.

Hubert *Gindert* warf die Frage auf, ob man sich im Hinblick auf die angesprochene Harmonisierung der sozialen Sicherungssysteme zunächst sinnvollerweise nicht auf die Formulierung von gewissen Mindestnormen für eine menschenwürdige Existenz beschränken solle, die es den einzelnen Ländern erlauben würde, diese nach ihrer Leistungsfähigkeit auszugestalten. Dabei müsse man auch an die mittel- und osteuropäischen Staaten denken, die in die EG hinein wollten.

Hans *Besters* ging auf die im Referat genannten drei Modelle einer europäischen Sozialpolitik ein. Die mit der Wanderarbeit gegebenen Probleme der sozialen Sicherung seien durch entsprechende Verordnungen, d. h. durch die Anerkennung von Anwartschaftsrechten, im Heimatland oder im Gastland, praktisch gelöst. Wenngleich das dritte Modell, dem das Territorialprinzip zugrunde liegt, mit weniger Sympathie bedacht worden sei, so sei es aus ökonomischen Gründen nicht zu unterschätzen. Das Soziale habe auch etwas mit der Verfügbarkeit der entsprechenden Arbeitskraft zu tun. Wenn nun die Arbeitskraft, und dies betreffe Länder mit einem niedrigen Lohnniveau, im Sinne einer Angleichung nach oben schrittweise verteuert werde, dann erzeuge dies erfahrungsgemäß Arbeitslosigkeit – und damit schaffe man sich ein neues Problem. Gleichzeitig damit werde sich aber auch die Frage der Finanzierbarkeit der Sozialsysteme in diesen Ländern in aller Schärfe stellen.

Theodor *Strohm* gab abschließend zu bedenken, daß eine Denkschrift, und dies gelte auch für die Schrift „Verantwortung für ein soziales Europa", sich nicht zu sehr auf Einzelanalysen einlassen könne. Hier gehe es vielmehr darum, grundlegende Fragen anzusprechen, neuralgische Punkte zu benennen, Verantwortung anzumahnen und Zielhorizonte des Handelns aufzuzeigen. Es liege durchaus in der Absicht einer solchen Schrift, Anstöße für weitere, detaillierte Untersuchungen zu geben. Die eigentliche Arbeit beginne erst im nachhinein.

Was die Frage eines akzeptablen Mindestlebensstandards in Europa angehe, so habe er den von der EG-Kommission formulierten Entwurf für eine Empfehlung des Rates über die Annäherung der Ziele und der Politik im Bereich des sozialen Schutzes erwähnt. Seines Erachtens verdiene dieser Ansatz insofern Unterstützung, als man hier in dem Sinne auf dem Wege sei, zunächst einmal über die Ziele zu diskutieren, sie festzulegen und allmählich zu koordinieren, sie vielleicht teilweise auch zu harmonisieren, um auf diese Weise zu einvernehmlichen europäischen Lösungen zu gelangen.

Zu dem, was zum Lohnniveau und den damit verbundenen Wettbewerbschancen der Länder Südeuropas gesagt worden sei, wolle er jetzt nur mit einer Rückfrage antworten: Werde die Vollendung des europäischen Binnenmarktes diese Länder nicht dazu zwingen – und er denke hierbei nicht kurzfristig, sondern in Zeiträumen von zehn, 20 Jahren und mehr –, ihr Lohnniveau in die Höhe zu bringen? Wie sollen wir uns verhalten, wenn in diesen Ländern nach 1999 tendenziell ähnliche Effekte eintreten, wie nach der Einführung der DM im Osten Deutschlands?

Fragen dieser Art machten deutlich, daß es für uns unumgänglich sei, zu überlegen, welche wirtschaftliche und soziale Ordnung Europas wir uns unter Beteiligung der Kirchen vorstellten. Hier sei er der Meinung, daß eine ausgewogene Entwicklung eingeleitet werden solle, in der, gleich welches Modell wir dann präferierten, die Elemente der politischen Partizipation, der sozialen Bürgerschaft, der ökonomischen und der kulturell-religiösen Bürgerschaft so aufeinander bezogen, abgestimmt und ins Gespräch gebracht würden, daß wir ein Europa gestalten, an dessen Ende wir seine besten humanen Überlieferungen wiedererkennen könnten. Darüber sollten wir uns keine Illusionen machen: Wenn Deutschland Europa wolle, und es müsse dies unter allen Umständen wollen, dann werde es sich auch auf ein reales Teilen einlassen müssen. Auch das gehöre mit zur Gewissensbildung: daß wir der heranwachsenden Generation deutlich machen, daß wir in einer Welt leben, die darauf angewiesen ist, daß wir von dem Reichtum, der bei uns angesammelt ist, auch wirklich Anteile abgeben und dadurch zum Ausgleich und zur Versöhnung beitragen. Damit wäre Versöhnung vielleicht auch operationabel gemacht und im Sinne einer tragfähigen Zukunft realisierbar.

V. Friedensethische und sicherheitspolitische Perspektiven

Aus der Vielzahl der Aspekte, die in der Diskussion der Referate von Ernst Josef *Nagel* und August *Pradetto* angesprochen wurden, werden hier vor allem jene wiedergegeben, die sich auf die Folgeprobleme, wie sie aus den Umbrüchen und Zerfallsprozessen in Mittel- und Osteuropa hervorgegangen sind, beziehen.

Jürgen *Schwarz* stimmte der Problemanalyse von Ernst J. *Nagel* zu, wollte jedoch noch stärker betonen, daß den Auflösungskonflikten im ehemaligen Jugoslawien, der ehemaligen UdSSR wie auch der Teilung der Tschechoslowakei eine langfristige Dynamik innewohne, die schon in der Epoche nach dem Zweiten Weltkrieg mit der Entkolonialisierung und dem Entstehen neuer Staaten in der Dritten Welt wirksam geworden sei. Mit dieser Renaissance der Nationen und Nationalstaaten gehe, was oft nicht berücksichtigt werde, ein Wandel des Souveränitätsverständnisses einher, das durch die zunehmende globale Interdependenz gefördert werde; d. h. die Staaten rückten durch internationale organisatorische Verflechtungen, durch Kommunikation, Verkehr, wirtschaftliche Beziehungen, Technik und Wissenschaftstransfer usw. immer enger zusammen; kein Staat könne sich dem auf Dauer entziehen – das sei das phänomenal Neue. Damit sei allerdings nicht behauptet, daß wir auf einen Weltstaat zusteuerten. Auch die UNO wolle nicht Weltstaat sein. All dies schließe Spannungsverhältnisse zwischen Nationalstaaten und internationalen Organisationen nicht aus, so wenn es etwa um die Frage gehe, ob das Prinzip der Nichteinmischung in die inneren Angelegenheiten von Staaten bei Menschenrechtsverletzungen aufgehoben werden solle.

Anton *Rauscher* sprach die Funktion der Abschreckung an, die in den vergangenen Jahrzehnten als wesentliches Element der Friedenssicherung dargestellt worden sei. Wie laute heute die Bedrohungsanalyse? Müsse nicht damit gerechnet werden, daß auch künftig politisch-ideologische Systeme mit einem hohen Aggressionspotential friedensgefährdend in Erscheinung treten könnten?

Paul *Becher* warf in Anbetracht des Krieges in Bosnien die

Frage auf, ob und inwieweit hier gegenüber der schwächeren Seite nicht von „unterlassener Hilfeleistung", auch militärisch, gesprochen werden könne. Er sei sich bewußt, welch gefährliche Implikationen dies habe. Dennoch könne man fragen, ob darüber zumindest nicht zu wenig öffentlich diskutiert worden sei.

In seiner Antwort ging Ernst J. *Nagel* zunächst auf die Stichworte „Nationalstaat" und „Weltstaat" ein. Einen Weltstaat, sagte er, bräuchten wir nicht. Ein Weltstaat sei alternativlos, und das sei das gewichtigste Argument, das gegen ihn spreche. Auch die Äußerungen der Päpste zu diesem Komplex seien seit Johannes XXIII. zurückhaltend geworden. Ein Begriff wie „Weltinnenpolitik" (Carl Friedrich von Weizsäcker) tendiere zu einer Verniedlichung der Probleme. Was notwendig sei, sei die Schaffung einer klaren Rechtslage, d. h. einer Rechtsprechung und Rechtsdurchsetzung im Sinne einer Friedensrechtsordnung oberhalb der Staaten.

Mit Bedrohungen, auch militärischer Art, sei auch in Zukunft zu rechnen, allein schon deshalb, weil der Mensch ein ideologieanfälliges Wesen sei. Politik ohne Ideologie sei kaum möglich. Indem z. B. der Islam bei uns praktisch nur noch über den Fundamentalismus rezipiert werde, sei man schon dabei, ein neues Feindbild aufzubauen. Das ideologische Moment müsse man im Auge behalten; das Militärische sei etwas Konsekutives.

Was den Konflikt im ehemaligen Jugoslawien betreffe, so hätten wir mit etwas weniger Respekt vor der Heiligkeit der politischen Landkarte dort möglicherweise früher politisch intervenieren können. *Nagel* warnte davor, den Begriff der „unterlassenen Hilfeleistung", wie er uns aus dem Strafgesetzbuch bekannt sei, unterschiedslos auf den Bereich der zwischenstaatlichen Beziehungen zu übertragen. Von unterlassener Hilfeleistung zu sprechen, ergebe allenfalls in einem System kollektiver Sicherheit unter Verbündeten einen brauchbaren Sinn. In der internationalen Politik sei es schon eine beachtenswerte Leistung, die Möglichkeit dafür zu schaffen, daß ein Konflikt zwischen zwei oder mehreren Parteien lokalisiert, begrenzt und damit von außen regulierbar gemacht werden könne.

Paul *Colonge* gab zu bedenken – und dies war eine Frage an August *Pradetto* –, ob man den Kommunismus nicht allzu voreilig für tot erklärt habe; er sei ja noch vielfach existent und zum Teil, wenn vielleicht auch in anderer Form, wieder oder noch an der Macht. Anders gesagt: Habe sich der Kommunismus vom Schock des Zusammenbruchs nicht bemerkenswert rasch erholt? Müßte dieser Faktor bei den Überlegungen zur Lösung der Probleme in Osteuropa nicht stärker berücksichtigt werden?

Hans *Besters* ging auf die Frage der Demokratieansätze in Osteuropa und deren Gefährdung ein. Vorweg wies er darauf hin, daß man stets die unterschiedlichen ökonomischen Entwicklungsvoraussetzungen, die für die verschiedenen mittel- und osteuropäischen Länder maßgebend seien, beachten müsse. Für eine gedeihliche künftige Entwicklung werde es wesentlich darauf ankommen, ob die Akzeptanz für die Transformationsprozesse aufrechterhalten werden könne. Diese brächten unwahrscheinlich hohe Belastungen für die Bevölkerung mit sich. Die Prozesse verliefen nicht geradlinig. So könne sich gerade der Demokratisierungsprozeß hemmend auf den Neuaufbau der Wirtschaft auswirken – Polen sei dafür ein Beispiel –, wenn es nach westeuropäischem Muster zu Verteilungskämpfen komme, ohne daß die entsprechende Masse des zu Verteilenden durch den Produktionsanstieg schon vorhanden sei. Stagniere aber die wirtschaftliche Entwicklung oder gehe sie zurück, dann habe dies wiederum Auswirkungen auf das Vertrauen in die Demokratie.

Franz *Ansprenger* kam auf das Phänomen des Nationalismus zurück. Mit dem Blick auf Osteuropa stelle sich hier die ernste Frage: „Wie kann verhindert werden, daß der Nationalismus als Auflösungsideologie ins Bodenlose führt?" Der Hinweis auf die Notwendigkeit des wirtschaftlichen Erfolgs sei hier durchaus diskutierbar, ja plausibel. In Westeuropa werde der Ethno-Nationalismus dort gebremst und domestiziert, wo ein gewisser wirtschaftlicher Wohlstand und die demokratischen Freiheiten der Menschen im Staat gesichert seien.

August *Pradetto* ging zunächst auf die Frage von Paul *Colonge* ein. Es stimme schon, daß die kommunistischen Kräfte teilweise wiedererstarkten und zum Teil auch Positionen einnähmen, die sie bereits früher innegehabt hätten. Dabei würden sie sich besonders national gerieren oder sich, auch aus Herrschaftsinteresse, mit nationalistischen Strömungen verbünden. Dies könne aller-

dings nicht mit einer Rückkehr zu den kommunistischen Verhältnissen mit der alten Ideologie und der alten Macht- und Organisationsstruktur gleichgesetzt werden. Was politisch und ökonomisch in Osteuropa, gerade auch in den Ländern der ehemaligen
Sowjetunion, entstehe, ob es da oder dort etwa zu einer Art
Entwicklungsdiktatur komme, sei noch völlig unklar. Jedenfalls
würden diese Länder sich nicht so rasch auf eine funktionierende
Marktwirtschaft und demokratische Strukturen zubewegen, wie
dies im Westen zunächst erwartet worden sei.

August *Pradetto* wandte sich sodann, und dies war ein letzter Punkt, der Frage der Konfliktregelungsmechanismen zu. Die
Entwicklung von Slowenien bis Aserbaidschan habe gezeigt, daß
die vorhandenen Regelungsmöglichkeiten nicht ausreichten. Es
könne nur darum gehen, sich neue Lösungsmöglichkeiten auszudenken, im Sinne einer Verstärkung der Sicherheitsgarantien,
auch der institutionellen Einbindung, die den mittel- und osteuropäischen Staaten die Möglichkeit eröffne, sich an einem friedlichen inner- und zwischenstaatlichen Dialog zu beteiligen. Hierbei könnten zwei Wege beschritten werden, die das Konfliktrisiko
verminderten, ohne es auszuschließen. Das eine sei der ökonomische Anreiz, das andere sei die Ersetzung der Abschreckung durch
eine neue Form der Drohung, die dann in Kraft trete, wenn Dritte
bestimmte vereinbarte Regelungen verletzten. Es seien dies:
erstens, die Einhaltung der Menschenrechte und des Selbstbestimmungsrechts; zweitens, ein friedlicher Interessenausgleich, was
bedeute, daß keine gewaltsame Infragestellung der Grenzen erfolgen dürfe, und drittens die Beachtung der Minderheitenrechte,
wie sie in der KSZE festgeschrieben seien. Gerade die Minderheitenrechte müßten garantiert sein, damit überhaupt noch die
Bereitschaft bestehe, in einem Staat zusammenleben zu wollen. In
dem Maße nämlich, wie die Minderheitenrechte mit Füßen getreten würden und sich eine Verwilderung der politischen Sitten in
diesem Raum mehr und mehr durchsetze, drohe der Nationalismus zur einzigen Ideologie zu werden, an die man sich wie an
einen Strohhalm klammere; in dem Maße verringere sich zugleich
die Chance der gesellschaftlichen und ökonomischen Regeneration.

DIE AUTOREN UND TEILNEHMER

Prof. Dr. Hans Besters, Bochum
Prof. Dr. Jan Kerkhofs, Leuven
Bundesverfassungsrichter Prof. Dr. Paul Kirchhof, Heidelberg
Prof. DDr. Ernst Josef Nagel, Barsbüttel/Hamburg
Prof. Dr. August Pradetto, Hamburg
Prof. Dr. Dr. Theodor Strohm, Heidelberg

Prof. Dr. Franz Ansprenger, Berlin
Wiss. Referent Günter Baadte, Mönchengladbach
Prof. Dr. Alois Baumgartner, Bamberg
Dr. Paul Becher, Bonn–Bad Godesberg
Prälat Dr. Dietmar Bernt, Augsburg
Dr. Ortwin Buchbender, Köln
Prof. Dr. Paul Colonge, Lille
Prof. Dr. Heinz Frisch, Frankfurt/M.
Prof. Dr. Dr. Franz Furger, Münster
Prof. Dr. Hubert Gindert, Augsburg
Prof. Dr. Norbert Glatzel, Freiburg
Dr. Franciszek Kampka, Augsburg/Lublin
Prälat Gerhard Lange, Berlin
Dr. Anton Losinger, Augsburg
Dipl.-Theol. Karl-Georg Michel, Augsburg
Priv.-Doz. Dr. Peter Paul Müller-Schmid, Mönchengladbach
Stephan Raabe MA, Berlin
Prof. Dr. Anton Rauscher, Augsburg/Mönchengladbach
Prof. Dr. Lothar Roos, Bonn
Abbé Paul Schaeffer, Bruxelles
Prof. Dr. Jürgen Schwarz, Neubiberg/München
Prof. Dr. Hans Joachim Türk, Nürnberg
Dipl.-Theol. Michael Weigl, Augsburg
Prof. Dr. Dr. Rudolf Weiler, Wien
Dr. Joachim Wiemeyer, Osnabrück